# EL CARÁCTER CUBANO

EDICIONES UNIVERSAL, Miami, Florida, 1996

CALIXTO MASÓ Y VÁZQUEZ

# EL CARÁCTER CUBANO
Apuntes para un ensayo de Psicología Social

EDICIONES UNIVERSAL

EDICIONES UNIVERSAL
P.O. Box 450353 (Shenandoah Station)
Miami, FL 33245-0353. USA
Tel: (305)642-3234      Fax: (305)642-7978

Library of Congress Catalog Card No.: 96-84337

I.S.B.N.: 0-89729-804-7

En la cubierta se reproduce «El zapateo» Oleo/tela, 51 x 61 cm. de Víctor Patricio Landaluze, 1828-1889: Baile cubano del zapateo.

# EL DOCTOR CALIXTO MASÓ
# Y EL CARÁCTER DEL CUBANO

Hay que agradecer, con muy cálidos aplausos, a Juan Manuel Salvat que haya acogido los deseos que la familia del doctor Calixto Masó ha alentado de publicar su libro *EL CARÁC-TER DEL CUBANO*.

Ésta tan erudita monografía fue escrita en 1922. Cuando el autor sólo tenía veintiún años, como tesis para graduarse como Doctor de Derecho Público. Ya tenía el doctorado en Derecho Civil y poco después obtendrá el de Filosofía y Letras.

El libro permaneció inédito por veinte años, hasta que en 1941 fue publicado. Al cabo de tres cuartos de siglo de haber sido escrito, en uno de los difíciles años de la presidencia de Alfredo Zayas, el libro no sólo tiene una absoluta vigencia, sino que resulta de una tremenda utilidad, porque ahora, más que entonces, el pueblo cubano vive una crisis más grave que la de aquel ya lejano tiempo.

¿Por qué motivo el erudito escritor no hizo trascender su sagaz monografía al público? Desde que la escribió hasta que fue publicada, el doctor Masó fue profesor y posteriormente director de la Escuela Normal para Maestros de Camagüey (1925-1933), profesor y director del Instituto de Segunda Enseñanza de la Víbora, La Habana (1937-1939) y a partir de 1939 profesor de la Facultad de Filosofía y Letras de la Universidad de La Habana, hasta 1962. Desde el 33 al 35, año en que se produce el traslado La Habana, el abogado se dedica al ejercicio de su profesión. Representa legalmente a incipientes sindicatos. Y eso mismo sigue en la capital donde tambien se reincorpora a la enseñanza.

Se podría pensar en no pocas causas. Es posible que quisiera evitar la polémica que hubiera podido provocar su ensayo como consecuencia de las flaquezas que señalaba al carácter cubano.

Si se necesitaron dos décadas para su publicación, desde entonces hasta ahora han transcurrido cincuenta y cinco años. Ignoro la difusión que el valioso ensayo tuvo en los cuarenta y las reacciones que provocó. Y no puedo sospechar las que ahora tendrá en un cubano que, más o menos, sigue respondiendo a la estampa psicológica que ha trazado Masó.

Yo tuve la oportunidad de leer una copia del libro, no hace mucho tiempo. Y de inmediato le dediqué el artículo que fue publicado por el *DIARIO LAS AMÉRICAS*. Hecho esto le pasé el texto a Manolo Salvat con la sugerencia de que contemplara la posibilidad de su publicación, pues en esos momentos, tras el libro de la doctora Lucrecia Artalejo, no pocos se plantearon el problema de nuestra identidad.

Estoy convencido de que la obra del doctor Masó no sólo no ha perdido vigencia, sino que viene a tiempo, porque, como ha indicado en no pocas ocasiones el doctor Guillermo de Zéndegui, parece que el cubano no acaba de conocerse a sí mismo. Peor aún, se ha inventado una imagen superior a la que en verdad le corresponde.

■

No fue el doctor Masó el primero en abordar el tema del carácter del cubano, pero sí es el que lo ha tratado con más profundidad, más amplitud y más certeridad. Los que lo han precedido nunca llegaron tan lejos como él. Ante la imposibilidad de enumerarlos, y él menciona a algunos, no es posible prescindir de un juicio de Martí. El dijo que "si teníamos más talentos que guásimas, nos faltaban hombres del necesario carácter".

Lo primero que impresiona de este ensayo es el vasto aparato bibliográfico que manejó el doctor Masó, con autores cubanos y extranjeros. Entre éstos, latinoamericanos, norteamericanos y europeos.

Si no fuera porque hay una irrebatible evidencia de la fecha en que esta monografía se escribió, en 1922, cuando el autor entraba en la veintena, costaría trabajo creer que un joven cubano de esa edad hubiese escrito un estudio tan bien armado, de tanta solidez y con tan maduros juicios.

Dos terceras partes del volumen necesitó el joven Masó para exponer los antecedentes necesarios al tema. En el primer capítulo precisa el concepto de la nacionalidad. En once páginas agota el tema con tanta nitidez como precisión. Parece que al escribir su famoso ensayo sobre "La Nación y su formación histórica", Jorge Mañach no tuvo a su alcance el trabajo de Masó, pues no lo incluye en su bibliografía. Este demuestra la imposibilidad de exigir un riguroso repertorio de condiciones para determinar que un país ostenta la jerarquía de nación.

En el segundo capítulo estudia los factores geográficos que pueden influir en el carácter. Alude al asiento físico y al clima con sus variantes. Y tras el planteamiento general, aplica ese punto de vista concretamente a Cuba. En el tercero se refiere a los factores sociales e históricos. Uno de ellos es el racial. Y ya desde entonces, a pesar de su juventud, el doctor Masó demuestra que es un consumado experto en la materia étnica, lo que años después ratificará con su evocación de "Juan Latino, gloria de España y de su raza", publicado en 1973.

Étnicamente, el cubano está integrado por el aporte blanco de los españoles y el negro de los africanos que, llegados a la Isla, acabaron por asimilarse la cultura blanca al unísono que trasmitían a los blancos muchos de sus valores.

Ante esta realidad, el autor dedica un extenso espacio para exponer la formación de la personalidad del español. Y a continuación lo mismo hace con el negro. Sólo así se puede discernir la medida de esas respectivas influencias en el ser moral del cubano. Asombra la erudición del escritor. Actúa no como un literato sino como sapiente tratadista, algo no común en Cuba.

Para ser más exhaustivo el doctor Masó no se concreta al español y al africano, sino que estudia al hispanoamericano. En cuanto al aborigen y al chino no reconoce influencia alguna sobre el cubano.

Después de haber empleado noventa y tres páginas en la busca de las raíces del carácter del cubano a través de una variedad de ingredientes de los blancos y de los negros, es que el ensayista llega a lo que es el tema fundamental de su libro. Le dedica las últimas cuarenta y cinco páginas.

◼

Si España es la más latina de las posesiones de Roma en Europa, Cuba es la más española de las viejas colonias de España en América. Y este hecho es fundamentalísimo, porque el cubano va heredar, en alguna medida, y con las variaciones que imponen la geografía, la historia y la coexistencia con los negros, todas las virtudes y todos los defectos del peninsular.

El doctor Masó empieza a enumerar las fallas del carácter cubano, pero el lector tiene que tomar las mismas con cierta provisionalidad porque el autor volverá a sus afirmaciones para hacer una revaluación a la luz de los factores ajenos que podrían haber sido la causa de las mismas.

La primera es la indisciplina, en la que insiste con reiteración por ser la causa de no pocos males de Cuba. Sigue con la pereza, la arrogancia, la imprevisión, la violencia, el egoísmo. Masó afirma que creemos ser todo lo que no somos y eso es algo muy grave para el destino nacional.

El cubano quiere resolver por medio de la fuerza o de la coacción cuestiones que escapan a esas posibilidades porque están fuera de ese nivel y dentro de la categoría del pensamiento. El cubano nunca mira hacia el porvenir, siempre está involucrado en los problemas inmediatos de su diario vivir.

Pero, en contra de estas negativas actitudes, el cubano es perspicaz, tiene inteligencia, buena memoria. En cambio no tiene la capacidad necesaria para la generalización. Se queda en lo particular y concreto, sin interés alguno por profundizar.

Por es que el cubano se destaca por la superficialidad de su pensamiento. En Cuba nunca han abundado los filósofos ni los matemáticos. Si hay inteligencias relampagueantes, escasean los pensadores. Se puede añadir que hay más poetas, novelistas, historiadores y tribunos que ensayistas y científicos. Pero esto no impide que el cubano posea una fecunda imaginación.

El cubano es sincero y afable, Práctica el desinterés y la llaneza. Es servicial, hospitalario y ama al prójimo, en consonancia con los textos bíblicos. Y si ama la libertad, puede caer en un estado de disipación o libertinaje.

En contra de esto último, es moderado en los placeres de la mesa. No es muy aficionado a las bebidas alcohólicas. Pero es más emocionable que conceptuoso. El meridiano de su vida pasa más por el corazón que por su mente. Tiene más de pasión que de razón y es obstinado. Terco, hasta no ceder, aunque en el fondo sepa que está errado.

Como consecuencia de su apasionado temperamento, su pensamiento puede ser tan indeterminado como incoherente. Pero no es tan intransigente como el español, ni tan fanático en cuestiones religiosas. El cubano tiene una idea más amplia del progreso que el peninsular, a pesar de ser descendiente suyo.

El cubano es sencillo y amable, pero es voluble, contradictorio y agresivo. A pesar de su individualidad y de su personalismo, siente la necesidad de ser gobernado por una poderosa voluntad, que no es otra que la de un caudillo.

A pesar de tantos positivos atributos afectivos, el cubano, en la vida pública, oscila entre la atomización desmoralizadora y la egoísta anarquía. El suyo es un individualismo indisciplinado hasta la exaltación.

Profesa el auto culto del valor personal. Lo impulsa un irracional instinto de lucha que lleva hasta las más mesuradas controversias. Lo

IX

anima el deseo irrefrenable de tener siempre la razón hasta pretender el endiosamiento de su personalidad. Nadie sabe más que él, ni es más honrado, ni más moral.

Sus pasiones impulsivas y momentáneas nublan su inteligencia y agotan su voluntad. Ni siquiera los jóvenes escapan a ese prurito de suficiencia, ni del esceptisismo con que rehuye las responsabilidades y deberes que impone la nación.

El cubano siente un permanente deseo de representar un papel importante dentro de la sociedad. Y una consecuencia de sus frustraciones es su permanente descontento. Del amor pasa a la animadversión, de la admiración al olvido. Habla sin hacer. No piensa jamás en prepararse para el futuro. Sus opiniones son tan movedizas que no llegan nunca a ser firmes juicios. Exalta y rebaja a capricho. Es impresionable e impaciente. Invariablemente es un opositor del gobierno. El no piensa. Es irreflexivo. Es malicioso. Habla con retórica ampulosidad y con exceso de gesticulación. Bajo la influencia del negro es vanidoso, susceptible, novelero, supersticioso y sensual, con notoria afición al juego.

◼

Pero después de decir todo esto, el doctor Masó hace una revisión para amortiguar sus afirmaciones, porque piensa que los defectos que ha señalado al cubano son más relativos que absolutos. Además, no responden a las más intimas esencias de su personalidad sino que se deben eventualmente a factores ajenos. En consecuencia, son más periféricos que entrañables.

El autor se refiere a la pereza y de inmediato enumera una sucesión de muy positivos comportamientos del cubano que demuestran su capacidad de trabajo, su fecunda actividad en todos los campos del quehacer humano. Puede haber perezosos, y José Antonio Saco hace más de ciento sesenta años escribió su famosa "Memoria sobre la vagancia", pero ni en 1922, cuando se escribió su libro, ni en 1942, cuando se publicó, se pudo decir que el cubano era un vago. Muy al contrario, en este exilio el cubano ha demostrado ser un formidable trabajador en todos los niveles. Y lo que se dice del hombre se dice de la mujer. La mujer, con la responsabilidad del hogar, siempre ha trabajado mucho.

Se dice que el cubano es pródigo, gastador, sin el hábito del ahorro, pero esto es una realidad que afecta a toda la América Latina. Y lo mismo ocurre con su interés por la política y sus derivaciones burocráticas. Pero esta es una realidad latinoamericana denunciada por André Siegfried, el sociólogo francés, miembro de la Academia, después de un recorrido por el continente en la década de los treinta.

Quiérase o no, el cubano aún arrastra el marchamo de la personalidad peninsular, a pesar de que somos hombres del Nuevo Mundo. Somos indiferentes a las cosas del bien común y al destino colectivo. No faltan los pesimistas, víctimas de un complejo de factores que escapan a su voluntad. Y una de las metástasis de ese tumor moral es el choteo. Masó se adelantó a Mañach en el señalamiento de esa excrecencia cubana, pero éste desarrolló el tema con la más aguda estrategia. Fernando Ortiz también lo abordó cuando denunció la crisis del respeto que se había entronizado. Ingredientes de esa situación son la burla y la atonía o flojera. La falta de ideales fue la natural consecuencia de esta crisis. Una reacción ante la misma fue la aparición del Grupo Minorista, al que perteneció Masó. El fue uno de los trece que en 1921 protagonizaron el escándalo de la Academia de Ciencias en contra de uno de los Secretarios del gabinete del Presidente.

Si había entonces, cuando Masó escribía, una excepción positiva era la familia que mantenía su tradicional cohesión con su inmutable jerarquía. La pureza de los hogares cubanos compensaba al país de los vicios políticos.

Pero en medio de todo el marasmo que Cuba vivía en esos primeros años de la década de los veinte, bajo la corrupta presidencia de Zayas y la irritante presencia americana del general Enoch H. Crowder, el doctor Masó levanta la bandera del optimismo, porque, cualesquiera que sean los defectos y los vicios de tantos, él cree en la calidad moral del cubano y en su patriotismo.

Aborda el tema de la educación y señala sus limitaciones y sus defectos. No basta con instruir en la medida que sea, hay que educar social y cívicamente a los niños cubanos. En un pueblo sin educación política no puede funcionar la democracia. Aunque el autor no alude en este asunto a Martí, hay que recordar toda la doctrina que el Apóstol dejó sobre la materia. La Cuba de entonces la ignoró. Actualmente sigue desconocida por los más. La frase del doctor Masó es lapidaria: "la falta de educación es la causa mayor de nuestros errores" y se refiere a la prensa. Censura la negatividad de cuanto se informa y de cuanto escriben los columnistas. En cuanto a estos temas, el doctor Masó apela a la autoridad de Manuel Márquez Sterling. Yendo más lejos, alude hasta la degeneración que viene sufriendo el lenguaje. Y dentro de esto condena la detestable oratoria, con tribunos tan retóricos y ampulosos.

Para terminar, el doctor Calixto Masó dice que la situación es grave. Si esto dijo en 1922, pudo haberlo dicho en la transición de los veinte a los treinta y así sucesivamente hasta llegar al fin de la república: detrás del 10 de marzo del 52, del primero de enero de 1959 y de todo lo demás hasta nuestros días.

Es por todo esto que hay que reconocer la importancia que tiene este libro del ilustre profesor que, después de salir de Cuba, continuó en Miami y en Chicago su altísima ejecutoria académica. Y al margen de la misma continuó la producción literaria comenzada en Cuba en torno a América y fundamentalmente relacionada con Cuba. EDICIONES UNIVERSAL tuvo el honor de reeditar su magnífica *HISTORIA DE CUBA*. Si llega hasta 1933 seguramente se debió a que no quiso atreverse a tener que historiar con toda honestidad unos años que tras de ser primero tan turbulentos fueron después tan poco ejemplares.

Su presencia en Chicago, como profesor en la Northeastern University fue consagratoria. Nombrado profesor "Emeritus", se le ofreció un homenaje con exhibición de sus obras. En este tan justo reconocimiento tuvo mucho que ver la doctora Angelina Pedroso, nieta de Juan Gualberto Gómez.

Desaparecido el doctor Masó el 10 de mayo de 1974, nos queda el ejemplo de su pensamiento en relación con Cuba. Si los juicios tan

severos que emite pueden provocar algunos malestares, pensemos que
él puede tener razón y que debemos superarlos con vistas a la nueva
república que aspiramos a construir.

Octavio R. Costa.

OTRAS OBRAS PUBLICADOS POR
CALIXTO MASÓ Y VÁZQUEZ:

*Historia de La Habana* (1919)

*Prehistoria e Historia Precolombina de las Antillas* (1921)

*El carácter cubano* (1921)

*Historia de América* (1940)

*Historia y Política* (1950)

*El conflicto de Corea* (1951)

*La Revolución Francesa* (1952)

*Seminarios de Historia Contemporánea I* (1952)

*La Universidad Hebrea de Jerusalem* (1953)

*Seminarios de Historia Contemporánea II* (1956)

*Carlos Masó y la Escolta de Infantería del Mayor General Calixto
García* (1959)

*Historia de Cuba* (1963 y 1976)

*Juan Latino:Gloria de España y de su raza* (1973)

# El Carácter Cubano [1]

## (Apuntes para un ensayo de Psicología Social)

Por

## CALIXTO MASÓ Y VAZQUEZ

Dr. en Derecho Público (1922), Dr. en Derecho Civil (1922) y Dr. en Filosofía y Letras (1925) de la Universidad de la Habana.—Profesor Auxiliar de Historia de Cuba del Seminario Diplomático y Consular de la Universidad de la Habana (1923).—Profesor Titular por Oposición de Historia y Geografía de la Escuela Normal de Camagüey (1925).—Director por elección de la Escuela Normal de Camagüey (1927).—Profesor Titular por Concurso del Instituto de Segunda Enseñanza de la Habana No. Tres (1937).—Director por elección del Instituto de Segunda Enseñanza de la Habana No. Tres (1937).—Profesor Auxiliar por Oposición de Historia Moderna de la Universidad de la Habana (1939).— Miembro de las Comisiones Oficiales que redactaron los programas de Historia y Geografía de los Institutos de Segunda Enseñanza (1937 y 1939).—Premiado con medalla de plata en el Concurso de la Academia de la Historia de Cuba (1919).—Secretario (1924) y Presidente (1925) de la Sección de Ciencias Históricas del Ateneo de la Habana.—Miembro de II Congreso de Historia y Geografía Hispano-Americanas (Sevilla, 1921).

Habana
1941

*(1) Presentado como tésis para el Doctorado en Derecho Público en la Universidad de la Habana, en el mes de mayo de 1922, con el título de "La Nacionalidad Cubana y los elementos físicos y morales que han contribuído a su formación"*

## PREAMBULO

Cuando en 1922 escribimos el trabajo que ahora damos a la publicidad, nunca pensamos que nuestro país llegara a la situación crítica en que hoy se encuentra, ya que ha ido acentuándose, la degeneración de nuestro carácter nacional.

Por eso, al leer de nuevo esta obra, muchas veces sentimos la tentación de rehacerla por completo; pero sin embargo, hemos dejado el texto casi sin alteraciones, porque el cuadro sólo requiere retoques, por lo general de tintes sombríos, pues la visión de conjunto, casi siempre es la misma.

Sin embargo, en algunos aspectos, hemos creído necesario aclarar determinados conceptos por medio de notas, que sin quitar unidad al asunto, justifican en su caso, la tesis de nuestra obra juvenil.

Pero el problema cubano, la evolución de nuestro país en el presente siglo y la situación del carácter nacional afectado profundamente por la crisis política, social y económica de post-guerra, requieren un nuevo estudio, para discutir más ampliamente esa serie de hechos que han transformado aparentemente nuestra conciencia social.

Espectadores unas veces, y actores otras, de ese proceso, que todos hemos vivido con mayor o menor intensidad, puede ser que no seamos nosotros los llamados a emprender esa labor; pero si nos acompañan las fuerzas prometemos en otra oportunidad estudiar nuestro pequeño mundo tan necesitado de valor cívico, de honradez pública y de sinceridad personal.

Varadero, enero, 1941.

*La fé en el porvenir y la confianza en la eficacia del trabajo humano, son el antecedente necesario, de toda acción enérgica y de todo propósito fecundo.*

*(JOSE ENRIQUE RODO.—Cinco Ensayos.—Ariel.)*

**Todos los elementos de civilización, el arte, la literatura, etc., son** *el producto del alma de la raza.*

*Ella es la única potencia contra la cual, no prevalecerá ninguna otra; ella representa la huella de miles de generaciones y la síntesis de sus respectivos pensamientos.*

*(GUSTAVO LE-BON.—Leyes psicológicas de la Evolución de la Sociedad.)*

## EXPLICACION AL TRIBUNAL

Si es cierto que "el carácter del alma y las pasiones del corazón, son diferentes en los climas diversos, deben las leyes ser relativas, tanto a las diferencias de estas pasiones, como a la de los caracteres". (1)

Nuestros legisladores, al parecer no han leído la sentencia concluyente del autor de las "Cartas Persas", y lo demuestra el hecho que las leyes cubanas, comenzando por la Constitución que es verdaderamente ideal, nos vienen en su mayor parte como un traje demasiado ancho.

Solo para contribuir a la obra de reconstrucción nacional, nos hemos atrevido a escribir este estudio, como tesis "para el doctorado en Derecho Público" intentando bosquejar en varias pinceladas, nuestro medio ambiente, para que otros con mayor capacidad escriban la obra definitiva, sobre el carácter cubano, que debe ser el punto de partida de toda legislación nacional.

Vedado, mayo de 1922.

---

(1) Montesquieu: Espíritu de las Leyes.—Tomo II. Libro 14. Capítulo I. Pág. 151.

## I

El concepto de la nación, como casi todas las defini-
:iones dogmáticas del Derecho Político, en la mayoría
de los casos es completamente ilógico y arbitrario, y
no corresponde a lo que la observación de la realidad
histórica nos enseña.

En la antigüedad, *el criterio de raza*, es decir, la identidad de origen y lenguaje, de creencias y tradiciones,
era el determinante de la nacionalidad. Ambos conceptos aparecen por mucho tiempo confundidos, y la Historia nos presenta como naciones, a las razas judía,
mongólica, celta, persa, ibera, etc...

Pero si consideramos la civilización de aquellos pueblos, su poco amor a la tierra demostrado por su constante movimiento emigratorio y conquistador, la necesidad imprescindible, de un firme lazo de unión, que
sentían los componentes de aquellos Estados rudimen-
tarios; y sobre todo, si tenemos en cuenta, que en los
albores de la humanidad, estaban más cercanas e in-
fluían más en el pensamiento humano, las leyendas particulares de cada raza sobre su origen mitológico, o
sobrenatural, nos es fácil comprender, dada la sencillez

de la organización social y la homogeneidad de los grupos nacionales, que los hombres manifestasen su patriotismo, con el orgullo de la raza y el proselitismo religioso.

Todas las civilizaciones antiguas, tienen en sus epopeyas, las más amplias y completas glorificaciones de la raza y de la religión, y todos los pueblos que nacen, sintetizan en sus cantos épicos, con la exaltación de una poderosa y heroica voluntad individual, el esfuerzo colectivo de la nación y la confianza nunca desmentida, en un porvenir lleno de glorias y venturas.

La *expresión geográfica*, fué un criterio posterior, pues en el estado de conquista de los tiempos primitivos, sólo un sentimiento tan poderoso como la igualdad de origen, podía conservar latente el espíritu de unión que constituye la base más firme de la nacionalidad. Así se comprende, que si el pueblo del Lacio amaba extraordinariamente a la Ciudad Eterna, era porque en ella se encerraban todas las gloriosas leyendas del origen de la raza. Que si los hebreos cautivos en Babilonia, soñaban con la ansiada Israel, era porque allí Abraham había dado origen al pueblo de Dios. Que si los griegos suspiraban, por las campiñas risueñas de su patria, era tan sólo porque en ellas la flauta enervante del mitológico Pan despertaba en sus corazones poéticos, todas sus ideas divinamente sensuales.

Pero el pensamiento humano en su evolución, modificó completamente ese criterio primitivo; y los bárbaros, con sus ideas políticas, prácticas y liberales, dieron nuevos aspectos al concepto de la nación.

Aquellos pueblos salvajes y fuertes, inyectaron nueva savia al caduco árbol romano e hicieron florecer en el continente europeo, el gérmen glorioso de las modernas nacionalidades; pues pasado el momento inicial, de conquista y desolación, las diversas razas germánicas aceptaron las ideas de la civilización Romano-Cristiana, y en toda la Edad Media, asentándose definitivamente en los territorios, que habían de constituir la base de su futura nacionalidad, comenzaron a considerar desde entonces a la *expresión geográfica*, como el sostén más firme de la existencia de la nación.

El criterio de la raza perdió su importancia (1), pues con la invasión de los bárbaros se disolvieron en el mestizaje, los orgullos primitivos de la unidad de origen. Sólo la idea religiosa pudo alcanzar los albores de la Edad Moderna, hasta caer definitivamente, después de una crisis sangrienta, en la época de las guerras de Religión.

El Renacimiento consagró la aspiración nacional, basada en la *expresión geográfica*, y ese movimiento poderoso, esa repentina y sorprendente ebullición de ideas, asestando el último golpe a las aspiraciones imperialistas de la Iglesia Romana, sintetizó en el poder absoluto de los monarcas, y las aspiraciones democráticas de eminentes escritores, el nuevo criterio de la nacionalidad.

Finalmente, el desarrollo del Derecho Internacional, a partir de los tratados de Westfalia y de las frecuentes guerras de Luis XIV, Federico II, Napoleón I, etc., hicieron que codificándose los tratados y estableciéndose las reglas "de jure belli ac pacis", añadiesen los malabaristas del Derecho un criterio nuevo al concepto de la na-

---

(1) Sin embargo no ha dejado de ser la causa de los movimientos pan-eslavos y pan-germanos del siglo pasado, alentando también en gran parte el movimiento nazi.

ción, el equilibrio llamado primero europeo y ahora *Internacional.* *(1)*

De ahí que los autores de Derecho Político al tratar este problema, creyéndose obligados a definir la nación, cuyo estudio pertenece más bien a la Sociología, nos dén en sus obras conceptos ideales y absolutamente utópicos, que siempre corresponden a intereses claramente determinados.

Madame Stael, Webster, Mohl, Gumersindo Azcárate y otros tratadistas, aceptan diversos de los elementos expuestos anteriormente como base de la organización nacional, pero es Burgess el que los encierra todos en su definición al decir que, "*la nación es una población* "*dotada de unidad étnica, que habita un territorio do-* "*tado de unidad geográfica*"; aunque luego el mismo re- "*conoce que* "*la nación así definida, es la nación consi-* "*derada en su plenitud, y esa dificilmente se encontrará* "*en ninguna parte, pues unas veces la unidad geográ-* "*fica excede en amplitud a la étnica, o la étnica rebasa* "*los límites de la geográfica*". (2)

Para Burgess, son criterios esenciales en la nacionalidad, la expresión geográfica perfectamente determinada por la naturaleza, la identidad de lengua, de literatura, de tradiciones, y de conceptos morales entre los componentes de su población, y la influencia decisiva de vicisitudes y glorias comunes en un largo período de evolución histórica; pero excluye de esta enumeración, a los factores étnicos y religiosos, a los cuales como he-

---

(1) Este criterio, fué roto por la distribución creada en los tratados de 1918..

(2) **Ciencia Política y Derecho Constitucional Comparado.**—Tomo I. Pág. 11.

mos hecho notar, debe reconocerse una influencia predominante en los orígenes de la Historia de la Humanidad.

Aplicando todos estos criterios a las Naciones modernas, puede reconocerse fácilmente, que la afirmación del tratadista norte-americano, respecto a los factores étnicos y religiosos, se extiende a los otros elementos que él presenta como característicos de la nacionalidad. (1)

La unidad geográfica, es decir, la idea de que la nación para existir, necesita de fronteras naturales, no deja de ser una utopía.

Si se aplicara ese criterio, la Península Ibérica debía dividirse en las cinco porciones que forman sus cordilleras, y esto sin tener en cuenta las subdivisiones que producen numerosos ríos. Francia debía extenderse hasta el Rhin. Inglaterra, se separaría de Escocia y abandonaría a Irlanda. Baviera debía separarse de Alemania. Las actuales naciones Balkánicas, formarían infinidad de estados microscópicos. Italia produciría cuatro nacionalidades. La China se dividiría en multitud de pueblos, y lo mismo sucedería a Persia, Turquía Asiática, Arabia y Siberia. Los Estados Unidos formarían más de cinco naciones; el Canadá cuatro; México, unas seis; la América Central, cerca de diez, y la América del Sur muchas más, y esto considerando el asunto rápidamente y sin referirnos al Africa y la Oceanía.

La *identidad de lenguaje*, tampoco puede ser criterio para la formación de la nacionalidad. Pues si así fuese, la América española, debía unirse a su ex-metrópoli, subdividida en Cataluña, Valencia y las Provincias Vascongadas. Rusia, Turquía y Austria, se descompon-

---

(1) Véase "Las Nacionalidades", por Francisco Pi Margall.

drían en infinidad de pueblos. Suiza se repartiría entre Alemania, Francia e Italia; y Bélgica, desaparecería del mapa de Europa, formándose una confusión y mescolanza, solo comparable a la del caso anterior; y lo mismo puede decirse de la *identidad de Literatura*.

*La identidad en el concepto moral*, y en *las tradiciones*, es también imposible. Fijémonos sólo en España, un aragonés, no piensa como un andaluz, ni el gallego como el catalán, ni el madrileño como el valenciano; pues dentro de cada pueblo, y sobre todo, entre aquellos que tienen una antigüedad histórica heróica y accidentada, se forman siempre costumbres y usos provinciales, que se distinguen fácilmente del carácter común y hacen utópica la aplicación de ese criterio a la nación.

El *criterio histórico*, es decir, la clasificación de los pueblos, atendiendo a lo que fueron en épocas pasadas, daría igual resultado que los expuestos anteriormente.

Francia formada por pueblos disímiles, durante la dominación romana pasó a la categoría de provincia. En la Edad Media, formó parte del Imperio y se dividió primero en cuatro reinos y luego en infinidad de feudos independientes, muchos de los cuales pertenecieron a España y principalmente a Inglaterra, no viniendo a constituir su unidad nacional, sino en plena Edad Moderna.

Inglaterra no ha formado su nacionalidad sino después de inmensos cambios históricos. En los inicios de la Edad Media, se hallaba dividida en los cuatro Reinos Sajones. Se anexó a Escocia en el siglo XVII y al problema de Irlanda, conquistada en el siglo XII, todavía no se le ha encontrado una solución satisfactoria.

La Península Ibérica, ha sido celtíbera, cartaginesa, romana, visigoda, árabe, castellana, leonesa, asturiana y aragonesa. En ella han coexistido reinos diversos, ha permanecido unida y se ha fraccionado en infinidad de pedazos, y actualmente está formada por dos naciones.

Italia, antes de la dominación romana, estaba repartida entre infinidad de Reinos, que conquistados por el pueblo Rey, dieron origen a la unidad nacional, con el carácter de Provincias Latinas.

En la Edad Media, perteneció a todos los invasores do Europa y se fraccionó en numerosas repúblicas, reinos, ducados, principados y ciudades libres, que existieron poco más o menos, hasta el año de 1850; pues Bonaparte, en las diversas ocasiones que organizó a Italia, nunca formó con ella una verdadera nación.

Alemania, en los tiempos anteriores a la dominación romana, comprendía un terreno que no tiene sus actuales límites, dividido en infinidad de pueblos autónomos, muchos de los cuales han contribuído al origen de naciones modernas como Francia, España, Italia y Holanda. En esta situación ha permanecido casi toda su historia, pues el Imperio, salvo momentos excepcionales, era sólo una jefatura nominal y los ducados, ciudades libres, arzobispados y feudos imperiales, siguieron autonómicamente su evolución histórica, constituyéndose la unidad, por la preponderancia militar prusiana.

Holanda y Bélgica, aplicándoles el criterio histórico, no sabemos si debían estar unidas o separadas, en poder de los franceses o de los españoles o divididas en sus antiguos feudos independientes o semiautónomos.

Los Países Escandinavos, se han dominado los unos a los otros, y principalmente Suecia en los tiempos de Gustavo Adolfo y Carlos XII, poseyó gran parte del litoral del Báltico. Rusia, es el resultado de una enorme anexión de razas independientes, por medio de la fuerza y de la conquista. En Austria el núcleo del Imperio era alemán, y los pueblos que lo constituían, unidos durante más de cuatro siglos, se han separado violentamente después de la guerra de 1914.

En los Estados Unidos, sin referirnos a los aborígenes, la Florida era española; Texas, California y Nuevo México, mexicanas, y la Louisiana, francesa, y a pesar de todo constituyen parte de la gran nación del Norte.

Finalmente, si el criterio histórico fuese decisivo en la formación de la nacionalidad, la América Española, con todas las identidades exigidas por los tratadistas. descubierta y colonizada por un mismo pueblo, gobernada por las mismas leyes y los mismos hombres, sometida a las mismas influencias históricas, libre por el esfuerzo unánime y acorde de todos sus hijos, y sufriendo en su vida independiente las mismas vicisitudes y los mismos desórdenes, en una palabra, la misma evolución, debía constituir el gran pueblo, que hoy no es nada más que el ensueño de inteligencias privilegiadas.

Lo mismo podemos decir del criterio de *raza*, pues todas las naciones son el resultado de la mezcla de pueblos disímiles. España, por ejemplo, tiene sangre ibera, africana, celta, latina, sueva, vándala, gótica, árabe, vasca, etc., y en nuestro país junto a los españoles que ya constituyen un mosaico, hay otros grupos de la raza blanca, además de los negros, chinos, etc.

El último de los criterios y el más arbitrario de todos, es el del *equilibrio político*.

Las naciones, escriben algunos autores, deben dividirse y organizarse de manera que constituyan dos grupos que mutuamente se contrapesen; pero esto que parece tan hermoso en teoría, resulta de imposible aplicación práctica, porque no existe la voluntad todopoderosa capaz de establecer ese estado de equilibrio ideal.

De modo que en conclusión podemos afirmar que, la nacionalidad surge del conjunto de todas esas circunstancias y que por eso dice con razón Stuart Mill, que "existe nacionalidad, allí donde hay hombres unidos por "simpatías comunes. Este sentimiento puede engendrar- "se de diversos modos, pero sin embargo, ninguna de "las causas anteriormente expuestas", es indispensable o absolutamente necesaria para que exista la nacionalidad.

De ahí, que aceptemos como más perfecta la definición de Renán, que considera la "nación como una po- "blación dotada de un espíritu público común" que es la base esencial de toda organización nacional.

A la formación de ese espíritu público común, contribuyen con mayor o menor intensidad, según las condiciones psíquicas y las vicisitudes históricas de cada pueblo, todos los elementos que anteriormente hemos citado y esa especie de alma colectiva, es la que hace posible que los pueblos, alentados por el ideal, produzcan esos cambios súbitos, esas reacciones grandiosas y violentas que destruyendo antiguos sistemas, métodos anacrónicos, y costumbres y usos del pasado, amplían el horizonte de la vida humana y presentan aspectos siempre nuevos a la civilización.

Causas físicas, antropológicas, psicológicas y sociales, contribuyen conjuntamente con la Historia a determinar el carácter nacional, es decir, el conjunto de ideas fundamentales que como dice Le Bon, constituyen la garantía más eficaz de la conservación del progreso en el organismo social.

El elemento físico, es según el criterio moderno, indispensable para la existencia de la sociedad políticamente organizada.

No quiere esto decir que la nación deba poseer fronteras naturales, simplemente, para reducir el problema a su última expresión, podemos afirmar que toda sociedad necesita para existir de un terreno que le sirva de asiento, y en el cual pueda desenvolver sus actividades, sin tener para nada en cuenta las condiciones de su expresión geográfica.

Pero la vida no es nada más que una evolución, en la que, los diversos factores que a ella contribuyen, se modifican mutuamente y sufren por su coexistencia hondas transformaciones, pues como dice exactamente Giddings "las causas originales de la evolución social, son "los procesos del equilibrio físico que se advierten en "la integración de la materia con la disipación del mo- "vimiento o en la integración del movimiento con la des- "integración de la materia" (1). Es decir, que diversas fuerzas contribuyen a la modificación de los caracteres originarios de un grupo humano.

En la antropología también se encuentran datos para la determinación del carácter nacional de un pueblo.

Todas las naciones modernas, son el resultado del cruzamiento de razas y pueblos antiquísimos, y en ese conjunto de condiciones psicológicas, que contribuyen a crear al hombre actual, debemos buscar el origen de determinadas tendencias, de aspectos que de momento sorprenden, pero que no son otra cosa que la consecuencia lógica de antecedentes protohistóricos.

Finalmente, debemos citar la convivencia social, que

_____

(1)  Principios de Sociología.—Pág. 52.

modifica a su vez, esos caracteres formados por la influencia del medio ambiente, pues la acción conjunta de las actividaes individuales en diversos períodos históricos, la acción decisiva de las inteligencias superiores y la labor del genio, que imprime determinadas direcciones al cuerpo social, dan forma definitiva al espíritu público común, es decir, al carácter nacional.

En nuestro ensayo sobre el "Carácter Cubano", de acuerdo con las conclusiones que hemos obtenido de los párrafos anteriores, estudiaremos principalmente la influencia del medio ambiente, y de los antecedentes psicológicos y étnicos, y la participación que han tenido esos diversos factores en el origen de las características de nuestra nacionalidad, aunque por eso no dejemos de referirnos a las causas sociológicas, que según las circunstancias que rodean a los hechos, hacen cambiar de direcciones al cuerpo social.

Pero sin embargo, admitiendo con Gustavo Le Bon, que el progreso evolutivo de un pueblo, se apoya en un pequeño número de ideas fundamentales, que constituyen su carácter nacional y que producen sus instituciones, su literatura, su arte y su filosofía; y que, cada raza, cada pueblo, posee una constitución mental casi tan permanente en su esencia como su constitución anatómica; y sin dejar de reconocer como ya lo hemos dicho, la influencia decisiva de los acontecimientos históricos; nos inclinamos a creer que esos elementos fundamentales permanecen por lo general como base del carácter nacional, y que, aunque se atenúen por la acción del ambiente social, siempre llegado un momento más o menos largo, reaparecen a pesar de las circunstancias históricas y de la influencia del medio, que no son otra cosa que factores complementarios del carácter nacional. (1)

Por eso en este ensayo, dedicamos especial importancia al estudio de las características psíquicas originarias, y de los antecedentes étnicos del cubano actual, es decir, que esencialmente, pretendemos fijar el sumun de ideas que, a pesar de todas las influencias, han dirigido siempre, de acuerdo con los acontecimientos, nuestra evolución política y social.

## II

La influencia del medio ambiente, es decir, de la situación geográfica, el clima, la fertilidad del suelo, y la mayor o menor resistencia que éste ofrezca al hombre que en él habita, es esencial en la modificación de determinados aspectos del carácter nacional. *"Una pobla-*"ción y su medio", dice Giddings, "se influyen mutua-"mente de un modo constante. La población convierte "los recursos locales en energía vital, que es la fuente "de toda actividad social, y, por tanto, la magnitud del "desenvolvimiento posible, depende en parte de las cua-"lidades inherentes de la población, pero más amplia-"mente, de las características del medio, según lo de-"muestran los desiguales desenvolvimientos de una mis-"ma raza colocada en diversas partes del mundo". (2)*

Montesquieu, daba una importancia extraordinaria a la influencia del medio ambiente en la formación del ca-

---

(1) Le Bon: Leyes Psicológicas de la Evolución de los Pueblos. —Pág. 9 a 11.

(2) Sociología.—Pág. 121.

rácter nacional. Para él todo está sujeto a leyes, es decir, a las *relaciones necesarias que se derivan de la naturaleza de las cosas* (1), y de esta definición que se puede considerar como la síntesis de todo el "Espíritu de las Leyes", dedujo principios, muchos de ellos exagerados, como los que se refieren al asunto que nos ocupa.

Después de probar con un curioso experimento, las diversas influencias del frío y del calor, sobre las fibras y las células del hombre, dice: "*En los países del medio-* "*día, una máquina delicada y débil, pero sensible se en-* "*trega a un amor que nace y se calma continuamente* "*en un serrallo, o bien a un amor, que dejando a las* "*mujeres en mayor independencia está expuesto a mil* "*disturbios. En los países del Norte, una máquina sana* "*y con buena constitución, pero pesada, encuentra los* "*placeres en todo lo que puede dar movimiento a los* "*espíritus, como la caza, los viajes, la guerra y el vino.* "*En los climas del norte, hallaremos pueblos, que tienen* "*pocos vicios y bastantes virtudes, mucha sinceridad y* "*franqueza. Acerquémonos a los países del mediodía y* "*nos parecerá que nos alejamos de la moral misma:* "*unas pasiones más vivas multiplicarán los delitos: cada* "*uno tirará a tener sobre los demás todas las ventajas* "*que puedan favorecer a aquellas mismas pasiones. En* "*los países templados, veremos pueblos inconstantes en* "*sus usos, en sus vicios mismos y en sus virtudes: el* "*clima no tiene allí una cualidad determinada para fi-* "*jarlos. El calor del clima puede ser tan excesivo que* "*esté el cuerpo absolutamente sin fuerzas. En tal caso* "*el abatimiento pasaría al ánimo mismo, y no habría ni* '*curiosidad ni empresa noble, ni sentimiento generoso:*

---

(1)   Espíritu de las Leyes.—Tomo I. Pág. 77.

"las inclinaciones serán todas pasivas: la pereza cons-
"tituirá la felicidad: la mayor parte de los castigos, se-
"rán menos difíciles de resistir que la acción del alma,
"y la esclavitud será menos insoportable que la fuerza
"del espíritu que se necesita para manejarse uno mis-
'mo" (1).

En el mediodía dice que la naturaleza ha dado a los
pueblos cierta debilidad, que los hace tímidos y una
imaginación tan viva, que las cosas siempre lo impre-
sionan con fuerza (2), entre ellos, por pereza espiritual
tienden a conservarse las impresiones, los usos y las
costumbres del pasado. La quietud, es el fundamento
de todas las cosas, y la inacción el estado más perfecto (3).

La esclavitud civil, la considera como un producto del
clima (4), lo mismo que la esclavitud doméstica, la po-
ligamia y la incontinencia y el impudor en las mujeres (5), pues hay climas escribe: "donde lo físico tiene tal
"fuerza, que apenas puede nada lo moral; donde si se
"deja a un hombre con una mujer, las tentaciones serán
"caídas, las instancias seguras y la resistencia nula; en
"semejantes países, en lugar de preceptos, se necesitan
"cerrojos" (6). Diversifica a los celos,, según los climas (7); basa en los mismos la servidumbre política, afir-
mando que "en los pueblos fríos hay cierta fuerza espi-
"ritual que dispone a los hombres para las acciones lar-
'gas, penosas, grandes y atrevidas" (8), y que "la co-
'bardía de los pueblos de los climas cálidos, casi siem-
"pre los ha hecho esclavos y el valor de los pueblos de
"los climas fríos, los ha mantenido libres". (9).

---

(1) Obra citada. Tomo II. Pág. 255.—(2) Pág. 157.—(3) Pág. 258.
—(4) Pág. 181.—(5) Pág. 201.—(6) Pág. 207.—(7) Pág. 213.—(8) Pág.
220.—(9) Pág. 221

En el terreno, encuentra las razones de ciertas formas de gobierno. Los países montañosos, según él, tienen tendencias a ser libres (1). Los muy fértiles al gobierno aristocrático. Los estériles al democrático. Los pueblos isleños son más inclinados a la libertad que los del continente y la fertilidad del país, trae con las facilidades de la vida, cierto egoísmo político, cierto apego a conservar la existencia (2).

Es tan importante para él la influencia del clima, que en el estudio tan brillante y profundo que hace de las leyes germanas, encuentra la demostración de su tesis: "*Sus leyes dice, no hallaban en las cosas más que lo* "*mismo que veían, y no imaginaban nada más; y como* "*juzgaban los insultos hechos a los hombres por el tama-* "*ño de las heridas, no gastaban más delicadeza en las* "*ofensas hechas a las mujeres. La ley de los alemanes es* "*en este caso muy singular. El que descubre la cabeza de* "*una mujer, paga la multa de seis sueldos; lo mismo* "*si le descubre la pierna hasta la rodilla; y el doble si* "*pasare de la rodilla. No parece sino que la ley media* "*el tamaño de los ultrajes hechos a la persona de la* "*mujer, como se mide una figura de geometría: no cas-* "*tigaba el delito de la imaginación sino el de los ojos.* "*Pero luego que se trasladó a España una nación ger-* "*mánica, halló el clima otras muchas leyes. La ley de* "*los visigodos, prohibió a los médicos sangrar a ningu-* "*na mujer sin que estuviesen presentes los familiares.* "*La imaginación de los pueblos se encendió y del mis-* "*mo modo se enardeció la del legislador: la ley sospe-* "*chó de todo en un pueblo que podía sospechar de to-* '*do*" (3).

---

(1) Págs. 231 y 232.—(2) Pág. 234.
(3) Obra citada.—Tomo II. Pág. 169.

En todas estas afirmaciones, hay una verdad debilitada a fuerza de ser exagerada, dice con razón Varona (1); pues el clima y las condiciones geográficas, nunca determinan por sí solos, virtudes y vicios en los pueblos, pues cuando más, contribuyen con otras causas de orden social, al desorrollo y a la atenuación de determinados aspectos del carácter nacional.

Está demostrado que el hombre sufre la influencia del medio en que desenvuelve sus actividades. La coloración de la piel, de los cabellos y hasta de los ojos, depende como nota Darwin, de la acción del calor solar; y la luz, el estado higrométrico del aire, el terreno llano o montañoso y la formación de isla o continente, crean aspectos especiales en los individuos, que comprueban el arcaico dicho de Hipócrates.

En una esfera más amplia, en el aspecto psíquico y social, es también notable la influencia del medio. El deseo sexual, es más exigente en los trópicos, que en los climas fríos. La adaptación obliga, según la especial configuración del terreno, al activo ejercicio de algunas facultades y causa por el desuso, la atrofia de otras. La alimentación favorece o contiene, la irritabilidad nerviosa de los individuos, y todos los demás factores físicos producen cambios orgánicos que reflejan claramente su influencia, en el carácter de una raza.

La situación geográfica, favorece o dificulta la potencia mercantil de un pueblo, lo hace agricultor o industrial, produce la emigración o la inmigración, y crea problemas harto interesantes y disímiles, según las circunstancias y finalmente la misma Historia, nos demuestra también la influencia de esos factores: pues el ambiente crea es-

---

(1) Lecciones de Moral.—Pág. 59.

tados anímicos que, repetidos después de una larga evolución, producen aptitudes particulares, métodos especiales de comprender y observar los fenómenos de la naturaleza.

Todo esto es cierto, pero de ahí a las afirmaciones de Montesquieu, hay una distancia inmensa, pues el clima no es nada más que un factor importante, pero no único ni exclusivo, en la formación del carácter nacional.

## III

Cuba, es por su situación un país tropical, con una superficie poco más o menos igual a la de Inglaterra propiamente dicha. Mide unos 1,200 kilómetros de largo, por 200 en su parte más ancha y 40 en la más estrecha. Se halla a la entrada del Golfo de México y dista 180 kilómetros de la Florida, que se encuentra al norte, 210 de Yucatán por el oeste; 77 kilómetros de Haití, que se halla al este y 140 de Jamaica al sur-este.

La longitud de las costas cubanas, es difícil de determinar, pero sin embargo, los geógrafos más modernos la estiman en unos 3.500 kilómetros; y el litoral, mira hacia el océano Atlántico, el Golfo de México y el Mar de las Antillas, que forman, especialmente el último, una especie de mar interior entre las dos Américas, comunicándose con el océano Atlántico y con el Pacífico, los dos mares de mayor movimiento comercial y de más importancia guerrera en los tiempos modernos.

El aspecto de las costas es muy desigual y accidentado. Existe gran extensión de litoral cenagoso y malsano, cubierto generalmente de mangles y con embarcaderos de muy poco fondo. Costas rocallosas, formadas por una extensa faja de arrecifes, y no poco litoral limpio, que presenta hermosos puertos, amplias bahías y extensas playas de arena (1).

Por el norte desde el cabo de San Antonio a la Punta de la Gobernadora, los cayos y bajos llamados de los Colorados, hacen en extremo difícil la navegación, y el litoral no se presta para el comercio activo. Desde Bahía Honda, al cabo Hicacos, la costa, limpia en toda su extensión, mira hacia el océano Atlántico y presenta los puertos de Bahía Honda, Cabañas, Mariel, la Habana y Matanzas, de gran movimiento comercial. El tramo de Hicacos a Sabinal, es más inaccesible aún que el primero, por los cuatrocientos cayos e islas del Archipiélago de Sabana-Camagüey, no sucediendo lo mismo en la cuarta zona, cuyo litoral limpio y despejado presenta los puertos de Nuevitas, Gibara, Banes y Nipe, de fácil comunicación con el océano Atlántico.

La costa sur es afarallonada de Maisí a Cabo Cruz, y el litoral presenta dos amplios puertos, Santiago de Cuba y Guantánamo, siendo todo el resto de la costa sur, hasta el cabo de San Antonio, por lo general poco accesible, exceptuando el litoral de la bahía de Jagua.

El terreno es llano o ligeramente ondulado en las tres cuartas partes de su extensión, formando sabanas abundantes en espartillo y otras yerbas que sirven de pasto al ganado; y ciénagas y babineyes muy bajos, constantemente anegados por las aguas del mar o de las lluvias (2).

Las montañas pertenecen al grupo general de las Antillas, estando las más elevadas en la Sierra Maestra

---

(1)  Geografía de Cuba de Aguayo y La Torre.—Pág. 44.

(2)  Geografía citada.—Pág. 52.

al sur de la provincia oriental, y existiendo grupos numerosos, aunque de pequeña elevación, en las provincias central y occidental. El suelo es generalmente bajo hacia las costas, con tendencias a elevarse en el interior, y de ahí, que casi todos los ríos cubanos, (cerca de doscientos), se originen en la región algo más cercana al norte que al sur, y que se extiende desde la Punta de Maisí al cabo de San Antonio, constituyendo la línea divisoria de las aguas.

Su posición, desde el punto de vista del comercio, es inmejorable. Cuba es la nación tropical más cercana de los grandes mercados europeos y norte-americanos, a los que puede fácilmente abastecer con los productos de su suelo, gastándose menos que en otro país cualquiera en los transportes; y la apertura del Canal de Panamá, poniéndonos en contacto con los países asiáticos, nos permite también ampliar nuestro comercio a las naciones hispano-americanas del Pacífico.

Sin embargo, su posición, a pesar de todas las ventajas a que nos hemos referido, presenta un grandísimo defecto. Cuba pertenece indefectiblemente, por su situación geográfica, y por sus relaciones económicas y comerciales, a la zona de influencia de la gran nación del Norte, y nuestro país, débil como pueblo joven al fin, pero más débil aún por sus complacencias indignas, ha fortalecido cada vez más, con su política suicida, las cadenas que nos unen geográficamente a los Estados Unidos. Por eso a veces se nos hace difícil pensar, exactamente sobre el status futuro de nuestro país, aunque no dejemos de reconocer, consecuentes con todo lo anteriormente expuesto, que ese fatalismo geográfico de que tanto se ha hablado, se convierte en hipotético, si encuentra la posición firme y tenaz, del carácter nacional, del espíritu público común, animado y fortalecido por el ideal.

El clima de Cuba es cálido, aunque su proximidad al trópico de Cáncer, y su condición de isla, atenúan en la mayor parte del año, los efectos del calor. La temperatura media es de 24 a 25 grados centígrados; y la humedad muy considerable en las madrugadas, desciende bastante al mediodía, siendo el promedio anual, de 74 por ciento. Los vientos contribuyen frecuentemente a aumentar la bondosidad del clima, pues soplan siempre de los puntos frescos a los cálidos. La época de los alisios, vientos fríos provenientes del Norte, es la más escasa en lluvias y corresponde a nuestras temperaturas más bajas; y al contrario, en la época calurosa, que comprende de mayo a octubre, chubascos y aguaceros numerosos, atemperan el bochorno atmosférico. Las condiciones de salubridad de la isla, son insuperables. El tanto por ciento de la mortalidad es muy bajo, y las enfermedades epidémicas, antes muy frecuentes, han desaparecido casi por completo merced a la obra de saneamiento iniciada por el gobierno de la Intervención Norte-americana, ayudados por cubanos eminentes como Finlay y Guiteras (1).

En ese clima tropical característico de casi toda la América Española, han tratado de buscar algunos escritores, entre ellos el mexicano Francisco Bulnes, la causa de sus agitaciones políticas y de su carácter al parecer reacio al progreso independiente. Cree este autor, exagerando aún más las ideas ya expuestas de Montesquieu, que la maldición de la América Latina está en ser tropical, porque en los climas cálidos no nacieron

___

(1)  Geografía citada.—Págs. 90 y 91.

nunca civilizaciones fuertes y expansivas, y asegura que todas las naciones de la América, excepto la Argentina, Chile y México, perderán sus gobiernos autónomos.

Evidentemente que el autor exagera circunscribiendo a una sola causa, lo que es el producto de innumerables factores. El clima tropical no ha sido obstáculo para que Cuba económicamente, a pesar de los errores políticos de sus gobernantes, llegase a ser el país de mayor comercio de la América Hispana, y lo mismo puede decirse del Brasil,, que a pesar de extenderse entre el Ecuador y el Trópico, ha podido desarrollar todos los aspectos de su vida nacional.

Es cierto, que un clima excesivamente caluroso como el del desierto del Sahara, sin lluvias y sin terrenos utilizables, nunca podrá contribuir al desarrollo de una civilización; pero las tierras de la América Española, surcadas por ríos caudalosos, constituyendo en gran parte mesetas, en que por su elevación la temperatura es templada, y donde las lluvias frecuentes, además de fertilizar el terreno contribuyen a refrescar la atmósfera, es completamente ilógico admitir la imposibilidad de que en ellas se desarrolle una civilización. El atraso actual de la América no puede atribuirse dogmáticamente a la influencia del clima, que no es por otra parte, como algunos creen, tan opuesto al desarrollo de las facultades del hombre. Esa situación es el producto de causas psicológicas, desarrolladas por hábitos adquiridos durante el régimen colonial.

El clima cuando más, puede contribuir a hacer mayor o menor la resistencia que el medio ofrece al hombre, pero nunca inutilizarlo para toda labor civilizadora y el único problema serio que puede ofrecer es el de la adaptación y éste ya no tiene ninguna importancia en la América Española, pues, como dice uno de nuestros verdaderos sabios, el Dr. Juan Guiteras, *"el clima tropi-*"cal, es compatible con las más elevadas manifestacio-"nes de la actividad humana y la aclimatación de la "raza blanca en los trópicos, se ha logrado con éxito 'completo" (1).

En Cuba, no es el clima la causa de nuestros desórdenes políticos, ni tampoco la fertilidad del suelo, de la pereza que injustamente se nos atribuye. Nuestro clima, presenta inconvenientes, pero sus ventajas en todos los aspectos son superiores; y si es cierto, que no podremos aspirar a una civilización práctica y utilitaria, ya que la tierra pródiga nos ofrece fácilmente sus productos, y que la situación geográfica nos facilita su distribución, es menester, que aprovechando esas ventajas, dediquemos toda nuestra voluntad al progreso agrícola e industrial de nuestra patria.

Los terrenos más antiguos de Cuba, corresponden al período secundario, pero en su mayor parte son calizos de formación terciaria o mucho más modernos aún. Abundan en los terrenos calcáreos, grandes masas de una roca de color verdoso llamada serpentina y muy rica en mineral utilizable, presentándose también granitos y otras rocas eruptivas. Las costas tan accidentadas, demuestran lo relativamente cercanos de los grandes fenómenos geológicos, que se operaron en las Antillas en los tiempos prehistóricos. Los fósiles son en su mayor parte marinos y pertenecen al tiempo en que nuestra Isla estuvo sumergida en las aguas del océano, pero también se han encontrado ejemplares de los grandes mamíferos desdentados, de la época antidiluviana,

---

(1) Estudios Demográficos.—Revista Bimestre Cubana. Habana. 1913.

como el Myomorphus Cubensis, que según demostró el Dr. Carlos de la Torre, comprobaron nuestra unión prehistórica al Continente Americano.

En Cuba, el subsuelo es más bien rico que pobre y muy abundante en variados productos minerales, y principalmente en la provincia oriental se encuentran denunciados riquísimos yacimientos, que no se explotan debidamente, por las dificultades del transporte.

Existen en la isla de Pinos, canteras de mármol blanco y gris, de inmejorable calidad. Nuestra historia nos habla de yacimientos de oro, explotados por los conquistadores, y todavía, aunque en pequeña cantidad se encuentran pepitas del precioso metal, en las cercanías de Holguín. El hierro que es el más productivo de los minerales cubanos, se presenta en Santiago de Cuba en forma de piritas, con un 70 por ciento de metal, en Baracoa combinado con el cromo, y en el resto de la Isla, en la forma de un óxido, llamado tierra de perdigones, que solo contiene un cincuenta por ciento de este mineral. El óxido de manganeso, se exporta en grandes cantidades en Oriente. El cobre abunda en los alrededores de Santiago y en la actualidad se explotan activamente algunas minas muy ricas en la provincia de Pinar del Río. El asfalto es muy abundante y de calidad inmejorable, siendo infinitas sus aplicaciones industriales que no se aprovechan; y las aguas minerales, muy variadas, desempeñan un papel importante en la curación de ciertas afecciones del organismo (1).

La vegetación en Cuba no es de muy reducido valor económico. Las frutas, son fácilmente exportables y además pueden ser utilizadas para la fabricación de

_____

(1) Geografía citada.—Págs 95 a 100.

pastas y dulces. Hay variadas y riquísimas plantas maderables, oleaginosas, medicinales y gomíferas, que crearían industrias productivas. La caña de azúcar con mayor cuidado y sometida a una legislación adecuada, daría resultados incalculables. El tabaco, es indiscutiblemente el mejor del universo, y el café, una de nuestras producciones más remunerativas en el siglo pasado, ha caído en una lamentable decadencia, a pesar de las magníficas condiciones de nuestra tierra para su producción. El cacao, que crece fácilmente en Cuba, tiene con la fabricación del chocolate, grandes aplicaciones industriales, y lo mismo puede decirse del cocotero, el caucho, el algodón, y el henequén y otras plantas textiles. Los plátanos son de muy fácil exportación, y los cereales, con los llamados frutos menores, que no se cultivan en cantidad suficiente por las dificultades del transporte, no sólo son necesarios para el consumo interior sino que también podían convertirse en fuentes de riqueza por medio de la exportación (1).

El ganado bovino, caballar y de cerda, no ha sido todavía objeto de una verdadera explotación, dándose el caso extraordinario de importar ganado para nuestras necesidades. Compramos a los Estados Unidos, varios millones en huevos y carnes, que debían comprarse en el país (2) y la industria piscatoria, daría resultados sorprendentes al igual que la explotación seria de la tortuga de carey, y las esponjas, sin comparación en el universo.

---

(1) Geografía citada.—Págs. 100 a 109.

(2) Merced a la política económica del presidente Machado, Cuba abastece actualmente sus necesidades de huevos, leche condensada, mantequilla, etc.

De todo eso, se deduce, que el medio geográfico cubano no ofrece tantas dificultades, y que no es un obstáculo para nuestro desenvolvimiento, sino que al contrario tiene que ser considerado como un factor decisivo en la evolución de nuestra nacionalidad.

## I V

En Cuba, al igual que en todas las naciones modernas, no existe la homogeneidad en la población. Factores diversos, elementos disímiles y razas de opuestos caracteres psicológicos, han contribuído a formar nuestros tipos étnicos actuales.

El elemento indígena que primitivamente habitó nuestro territorio, destruído por los trabajos a que fué sometido por los conquistadores, no ha influido de un modo directo en la formación de nuestro carácter nacional. Tan sólo, ahondando en nuestra psicología, se encuentra cierta afinidad afectiva, que nos hace llorar como nuestros, los dolores de aquel pueblo infeliz.

La raza blanca, ha sido siempre el núcleo principal de nuestra población.

Los que primero pasaron a nuestra Isla, fueron principalmente andaluces y castellanos, que llegaron a constituir en ella un grupo importante. Pero a los pocos años de comenzada la colonización, las riquezas extraordinarias encontradas por Cortés y Pizarro, en México y el Perú, fueron causa de que la Isla tendiese a despoblarse tan rápidamente como fué poblada, a pesar de las Reales Ordenes y demás disposiciones legales, que condenaban severamente al que sin permiso del monarca, pasase de uno a otro país, en las tierras recién descubiertas.

Pero la ocupación de Jamaica por los ingleses en 1655, la Independencia de la América Española, y en especial de Santo Domingo y Venezuela, el establecimiento de la República negra de Haití, la cesión a los Estados Unidos, del actual estado de la Florida, y principalmente las reformas administrativas y comerciales, llevadas a cabo durante los gobiernos de D. Luis de las Casas y el Marqués de la Torre, aumentaron súbitamente nuestra población blanca, agregándosele otros elementos, como los franceses, que se establecieron en la parte oriental, los canarios, que se dedicaron especialmente a las labores agrícolas, y los gallegos, y otros pueblos del norte de España, que con sus hábitos de trabajo industrioso y constante, han contribuído poderosamente a la evolución económica y comercial cubana.

En todo el siglo XIX, la emigración española ha aumentado paulatinamente, dando origen a la diferenciación de los elementos blancos de Cuba, en criollos y peninsulares, causa primera de todos nuestros movimientos revolucionarios; y después de conseguida la independencia, el número grande de españoles que anualmente han venido a desarrollar sus energías en nuestra patria, no hacen muy difícil el comprender que Cuba, aprovechando las ventajas que tiene el español para la vida en el clima tropical, podrá obtener su estabilidad política, económica y social.

La raza negra es otro de los elementos apreciables en la formación de nuestro carácter nacional, y ha llegado en el siglo XVIII y en la primera mitad del XIX, a constituir el factor más numeroso de nuestra población. Pero desde esta época, el negro, con la abolición de la trata primero, y la obtención de su libertad después, ha ido poco a poco perdiendo sus características, y merced al ejemplo del blanco, por el cual es absorbido (1), ha llegado a constituir un factor de civilización. Finalmente la Raza Amarilla, introducida en Cuba desde 1847, ha influído indirectamente en nuestras costumbres sociales, coadyuvando al fomento de la inmoralidad y la corrupción creadas por el ambiente colonial (2).

Estos elementos, desarrollándose libremente o combinándose entre sí, como los blancos y negros, han contribuído proporcionalmente a la formación de nuestro carácter nacional; y en ellos es donde debemos buscar los orígenes de nuestras virtudes y defectos sociales, estudiando particularmente cada uno de estos grupos étnicos, y fijando los aspectos de su personalidad psicológica que más han influído en la del cubano.

Pero antes de entrar en detalles, es conveniente fijar algunos principios que metodicen nuestro estudio, y que sirvan de base a una investigación razonada sobre este asunto, porque la evolución psicológica de una raza, la transformación de su carácter nacional, no es un fenómeno que se produce a capricho, pues obedece siempre a leyes determinadas.

Es cierto que en la Historia de todos los pueblos se encuentran factores disímiles, casos y accidentes par-

---

(1) Un ejemplo de esa absorción a que nos referimos, es el que presenta Fernando Ortiz en su libro "Entre Cubanos". Pág. 170. Para él, el negro del manglar, no era nada más que un nieto bastardo de D. Juan Tenorio, y sus guaperías y aptitudes, le recuerdan las de los tipos chulos de Sevilla.

(2) No nos referimos aquí a los indios yucatecos introducidos en Cuba en el siglo pasado, porque su influencia en el asunto que nos ocupa ha sido nula; no pudiendo decirse lo mismo de los jamaiquinos y haitianos, traídos con propósitos agrícolas, y elementos verdaderamente perjudiciales a nuestro desarrollo.

ticulares, que han sido modificados por la influencia de
las circunstancias; pero al lado de esos aspectos secundarios, hay siempre principios permanentes, los más importantes de los cuales provienen de la constitución mental de la raza (1).

*En una palabra, dice Fouillée, a la humanidad es a
quien corresponde hacer, en el orden social, la síntesis
de los principios esparcidos en el universo: vida y conciencia, o si se prefiere, movimiento y pensamiento. Estos dos principios son idénticos, sin duda, en su esencia
íntima y su identidad se revela en la fuerza motriz que
corresponde en el hombre al mismo pensamiento, hasta
el punto de que el ideal de la humanidad o de la sociedad perfecta, se imprime en su movimiento y en su vida,
pensándose con una conciencia cada vez más clara.*

*Las mismas leyes que han producido los mundos y las
constelaciones producen pues las sociedades humanas,
con la diferencia sóla de que lo que era en las unas luz
exterior y movimiento fatal, llegará a ser en las otras,
luz interior, conciencia y movimiento voluntario* (2).

Esa especie de "Souverain invisible" al decir de Fouíllée (3), es la idea, el genio de la raza, presente en cada
pueblo, que produce su unidad, determina su carácter,
crea su lengua y su poesía, y forma la fuerza espiritual que lo distingue de los demás, y que no depende
de sus caracteres antropológicos.

Novicow critica con razón la creencia absurda de que
el factor raza sea la base esencial en la evolución progresiva de un pueblo, porque como nota exactamente,
ni los índices cefálicos, ni el color de los ojos, ni la con-

(1) **Leyes Psicológicas de la Evolución de los Pueblos.**—Pág. 7.
(2) **Fouillée:** La Ciencia Social Contemporánea.—Pág. 421.
(3) **La Ciencia Social Contemporánea.**—Pág. 197.

figuración de la nariz de los individuos que lo forman, puede considerarse como la causa de su grandeza o decadencia.

Desde este punto de vista sus opiniones son exactas. La raza antropológicamente considerada, no puede determinar que un pueblo sea salvaje o civilizado, pues todos los hombres, cualquiera que sea su condición social, tienen la aptitud de recibir las enseñanzas de la civilización y de asimilar las fórmulas del progreso. En nuestro estudio consideramos a la palabra, raza, como un término psicológico y sociológico, que expresa la síntesis de los pensamientos y de las ideas de un pueblo, pues dice exactamente Le Bon, que las razas en los estudios sociológicos, no deben dividirse atendiendo a sus caracteres anatómicos, porque pueblos muy semejantes en lo físico, pueden diferenciarse mucho en su civilización y en su manera de pensar (1).

El carácter humano se halla influído por tres factores esenciales: sus antepasados, el ambiente moral y el medio físico, que verdaderamente es el más débil. Por eso se puede asegurar, que el hombre es ante todo el representante de su raza psicológica, y que todos sus actos esenciales, no son sino manifestaciones de esa especie de alma colectiva.

Con un ejemplo, podrá comprenderse fácilmente la dualidad de aspectos del hombre en sociedad. El individuo, psicológicamente considerado, viene a ser a la sociedad, al carácter nacional, como la célula es al organismo físico. La célula tiene funciones propias, y una peculiar manera de funcionar, según el papel que desem-

---

(1) Leyes Psicológicas—Pág. 11.

peña. Tiene movimiento, energía, funciones de relación y lo que es más, cierta vida independiente, pero todos esos actos, junto con los de las otras células, coadyuvan a un fin superior, y tienen ciertas características idénticas que crean la personalidad.

Lo mismo sucede con el individuo. En la sociedad, los diversos miembros no solo presentan diferencias esenciales, sino que ni siquiera se asemejan entre sí. La vida moderna tiende con la división del trabajo, a la diversificación de las funciones, de ahí que en nuestras sociedades, sean muy comunes, las diferencias de clase a clase, de individuo a individuo.

Pero sin embargo, en el fondo no sólo hay semejanza, sino que también existe igualdad, pues por lo general todos los habitantes de un pueblo si lo consideramos de conjunto, presentan características peculiares, más o menos determinadas en los individuos.

Pero la formación del carácter nacional, de esa raza psicológica, no es un problema sencillo ni fácil. Lord Macaulay afirmaba que en toda ciencia experimental, existía una tendencia hacia el perfeccionamiento y lo mismo puede decirse de los seres humanos, pues en ellos es condición esencial de existencia, el movimiento continuo hacia la mejora física e intelectual de la especie (1).

Esa evolución, es larga y difícil en sus orígenes, confusa y desordenada en su desenvolvimiento, y va depurándose paulatinamente con el transcurso de los siglos, hasta que una inteligencia superior, cuya contri-

_____

(1) Bagehot: Leyes científicas del desarrollo de las Naciones.— Pág. 206.

bución es necesaria, encausa a los distintos temperamentos y forma definitivamente el carácter nacional.

Por eso, a primera vista parece ser la variabilidad, la característica de las razas humanas, pero si se estudia atentamente su evolución, se nota que la tenacidad y la conservación de los principios, es esencial en los caracteres de los pueblos.

El alma colectiva está compuesta por elementos diversos. Los hay que son esenciales al organismo psíquico, y que pueden atenuarse o exacerbarse, pero nunca desaparecer, y en los cuales su transformación es tan lenta como la de las características anatómicas; pero hay también aspectos accesorios, que obedecen a la incitación poderosa de las circunstancias históricas, y éstos solo son los que cambian y desaparecen.

Le Bon clasifica las razas desde el punto de vista psicológico, en primitivas, inferiores, medias y superiores.

Son primitivos, los pueblos que como los fueguinos y australianos, viven en el estado vecino de la animalidad. Inferiores, los negros que no han podido traspasar nunca las formas de una civilización bárbara, aunque por el azar hayan heredado como en Haití, una civilización superior. Medios, los chinos, japoneses, mongoles y semíticos. Y superiores, los indo-europeos, que han realizado las más nobles y grandes conquistas del pensamiento humano.

Tan sólo no estamos conformes con Le Bon, en su criterio cerrado sobre las razas inferiores, que para él nunca serán capaces de comprender ni asimilar la civilización, porque la grandeza de un hombre no depende solo de sus facultades personales, sino también de los problemas que la sociedad le propone para su solución (1).

De sus estudios sobre los pueblos que actualmente existen organizados, Le Bon basa sus conclusiones en los siguientes principios generales:

Afirma que todas las razas humanas, no son verdaderas razas en el sentido estricto de la palabra, sino razas históricas, o sea el producto de la unión en épocas distintas, de pueblos diversos; de ahí que reconozca especial importancia en este problema al asunto de la mezcla y del cruce de las razas.

Dice que elementos diversos, puestos en presencia los unos de los otros, no se funden jamás, excepto en el caso de que se cumplan tres condiciones: 1.—No desigualdad en el número de sus componentes; 2.—Que no exista oposición entre los aspectos fundamentales de sus caracteres; 3.—Que por muchos años estén sometidos a la influencia del mismo ambiente.

Esto sin embargo, solo resulta aplicable en el caso de que ambos pueblos estén en el mismo grupo de civilización, pues si dos razas que pertenecen a distintos grupos psicológicos, se ponen en presencia la una de la otra, nunca se produce la fusión entre ellas, sino que la superior absorbe siempre a la inferior.

La población negra, por ejemplo, modifica esencialmente sus caracteres, por la influencia del hombre blanco, y ambas razas al unirse, dan producto al mestizo, que para Le Bon es un elemento inferior a sus progenitores, porque sus energías mentales son debilísimas.

Ese período de cruzamiento, es para el autor que citamos, pródigo en las luchas interiores y en las vicisi-

(1) Novicow: El Porvenir de la Raza Blanca.—Pág. 119.

tudes políticas, que preceden generalmente a la aparición y a la decadencia de las civilizaciones; pues creada ya la sociedad por la fusión de grupos diversos, o por el libre desenvolvimiento, de sus tipos étnicos originarios; fortalecido, el espíritu social, merced a la influencia poderosa de la imitación, que armoniza las distintas individualidades, creando aspectos nuevos a la conciencia colectiva; y desarrollándose por la tolerancia y el mutuo auxilio, lo que podemos calificar de genio de la raza; entonces, merced a esas acciones y reacciones misteriosas de las leyes inflexibles de la naturaleza, que regulan el origen, el desarrollo y la decadencia de todo ser material o espiritual, descubrimientos nuevos, ideas que sustituyen a las que por mucho tiempo sirvieron de base al pensamiento humano, producen en el organismo social, esa agitación nerviosa, esos terrores súbitos, que son fácilmente observables tanto en los individuos como en la colectividad. En esos instantes, dice Le Bon, cuando un pueblo llega a tal estado de fuerza y poderío, que como Roma se halla a cubierto de ataques exteriores, y que comienza a disfrutar los beneficios de la paz, al perderse las virtudes antiguas, por la pereza y el descrédito de los sistemas filosóficos y religiosos; sintiéndose el hombre, sin bases morales, sin la fuerza de un ideal que lo sostenga y lo guíe, o cae bajo el empuje de pueblos nuevos o vive la muerte de las naciones en un tiempo gloriosas, soñando perpetuamente con las grandezas del pasado.

El movimiento de descenso, es siempre mucho más rápido que el de progreso, y en un instante, amortiguándose lo que ha causado la grandeza de la raza, pierde un pueblo no sólo su fuerza material, sino también su aliento civilizador.

"Causas análogas de decadencia amenazan a nuestra
civilización; pero hay que añadir a ella, otras debidas
"a la evolución producida en los espíritus por los des-
"cubrimientos científicos modernos. La ciencia ha reno-
"vado todo nuestro caudal de ideas y ha quitado su au-
"toridad a nuestras concepciones religiosas y morales.
'Ha enseñado al hombre el mínimo papel que hace en
"la inmensidad del universo, y la absoluta indiferencia
"que la naturaleza tiene respecto a él. Ha comprobado
"que la naturaleza ignora la piedad, y que todos los
"progresos realizados por ella lo han sido por medio
"de una selección despiadada, que amenaza sin cesar
'aplastar a los débiles en beneficio de los fuertes."

"Todas estas concepciones frías, rígidas, tan opuestas
" a las antiguas creencias de nuestros padres, han pro-
"ducido inquietantes conflictos en las almas, y en los
"cerebros ordinarios han engendrado esa especie de
"anarquía, que parece ser la característica de los hom-
"bres modernos."

"No creo que haya podido existir una civilización, una
"sola institución, que haya podido subsistir, apoyándo-
"se nada más que en las ideas que solo tengan un va-
"lor relativo; y si el porvenir parece pertenecer a las
"ideas socialistas, es justamente porque sus apóstoles
"hablan en nombre de verdades que proclaman abso-
"lutas."

"Sin duda, del mundo real no podemos conocer sino
"apariencias, tener simples estados de conciencia de un
"valor relativo nada más; pero la Sociología no puede
"menos que reconocer, que para una sociedad determi-
"nada y en un tiempo dado de su evolución, tiene que
"haber condiciones de existencia, leyes morales, institu-
"ciones que tienen un valor absoluto; pues esta socie-

"dad no podía subsistir sin ellas. Desde que su valor em-
"pieza a ser desatendido y la duda mina su base, la so-
"ciedad queda condenada a desaparecer en breve" (1).

En resumen, puede reducirse todo lo anteriormente dicho, a la afirmación de que el adquirir un alma colectiva sólidamente constituída, es para un pueblo su aspiración más alta, porque en ella encuentra la garantía
más eficaz de su progreso independiente, y porque la di-
solución de tales características señala el momento de
la decadencia.

Toda la América Española presenta ese aspecto con-
vulsivo, peculiar de las sociedades en formación. Lu-
chamos con obstáculos poderosos, y, aunque acabados
de nacer a la vida independiente y sin un pasado apreciable, por nuestra devoción al pensamiento europeo,
somos víctimas propiciatorias de la perpetua duda de la
civilización contemporánea.

Es lógico que dude el antiguo Continente, cuyo pasado no le deja pensar en lo que deviene, pero es completamente absurdo que dude la América Latina, pues en
ella se hallan cifradas todas las esperanzas de la humanidad.

Desarrollemos nuestro Carácter Nacional, cortemos la
gangrena de la duda, que amenaza infectar a nuestra
naciente civilización, y sobre todo, pensemos como dice
Sergi, que "el porvenir de las naciones depende absolu-
"tamente del ideal, cualquiera que sea, ya que éste se
"deriva del estado presente que no satisface. Una na-
"ción marcará los días de su existencia, si no tiene ese
"movimiento ideal que produce el movimiento real, ese
"cambio continuo de las formas sociales que son la vi-

---

(1) Le Bon: Leyes Psicológicas.—Págs. 197 a 203.

"da. *Donde esto no sucede, hay estancamiento, inmovi-*
"*lidad y prodromos de muerte*" (1).

## V

Cuando en la América se oponen a la República del Norte, las veinte democracias del Sur, se basa ese antagonismo existente entre ellas, en un elemento esencial que es la Raza; porque tomando esta palabra en el sentido que le hemos dado anteriormente, existe un verdadero contraste entre las culturas llamadas sajona y latina.

Estudiando los impulsos psicológicos de las naciones hispanas de la América y, anotando las peculiaridades de su evolución política, se comprende fácilmente que las características latinas, o mejor dicho, mediterránicas, dirigen y encauzan todas las actividades de estas nacionalidades.

Navegantes de origen latino, las descubrieron; pueblos de filiación mediterránica, las poblaron y colonizaron, todo esto es cierto; pero de ahí a concluir, que existe en la América unidad de raza antropológica, es además de inútil imposible de demostrar. Para nuestro estudio, sólo nos importa reconocer esa identidad en la manera de pensar, es decir, la unidad de raza psicológica, pues es cosa generalmente admitida que "*desde México a la Plata, la acción secular de las leyes romanas, del catolicismo y de las ideas francesas, han dado aspectos uniformes a la conciencia americana*" (2).

La influencia del pueblo del Lacio en la Edad Antigua, reforzó los lazos que por el igual origen, le unían a los iberos, e hizo de España la más latina de las co-

---

(1) Decadencia de las Naciones Latinas.—Pág. 19.

(2) Francisco García Calderón: Las Democracias Latinas de América.—Pág. 262.

lonias romanas. Las leyes españolas se inspiraron todas en las del pueblo-Rey, y hasta los mismos bárbaros invasores aceptaron las ideas fundamentales del carácter español en el cual el pueblo romano había impreso tan profunda huella; y el catolicismo, que durante su largo poderío fué instrumento de educación política, hizo más efectiva, si esto fuera posible, la latinización de los antiguos iberos.

La América durante el régimen colonial, recibió con el catolicismo y las leyes romanas, una disciplina en la vida religiosa y civil; y todavía en la Epoca Contemporánea ha seguido su latinización, porque nuestra cultura y nuestras ideas políticas y sociales, hasta ahora, han sufrido la influencia decisiva del pensamiento francés.

"Indisciplinados, superficiales y esplendentes, los ame-
"ricanos pertenecen a la gran familia latina; son los vás-
"tagos de España, de Portugal y de Italia, por la sangre
"y las tradiciones profundas e hijos de Francia en cuanto
"a las ideas generales. Un político francés, M. Clemen-
"ceau, ha encontrado en el Brasil, en la Argentina y en
"el Uruguay, "un latinismo superabundante, latinismo
"de sentimientos, latinismo de pensamiento y de acción,
"con todas las ventajas que le son propias y con todos
"sus defectos de método y sus alternativas de exaltacio-
"nes y decaimientos en la realización de sus designios o
"aspiraciones. Este espíritu de una América nueva, es
"irreductible. El contacto de la civilización Anglosajona,
"no podrá renovarla parcialmente; pero la transformación
"integral del genio propio de estas naciones, no se pro-
"ducirá jamás, pues ello equivaldría al suicidio de la
"raza" (1).

---

(1) Francisco García Calderón: Las democracias latinas de América.—Pág. 265.—Traducción del Dr. Carlos J. Masó.

Para Sergi no hay cosa más errónea que el denominar a las razas atendiendo al lenguaje que hablen. De ese criterio antiguo provienen las fantasías y leyendas que llenan esta materia, pues los sabios basándose en que todas o casi todas las lenguas europeas, son de origen ario, afirmaban que había existido una raza única, así llamada, que hablaba esa lengua y que había dado origen a los pueblos de la Europa actual. *"Pero ulteriores "investigaciones no han comprobado tan burda fantasía; "no se había verificado tal inmigración general del Asia; "y los pueblos genuinamente europeos, se habían for- "mado en Europa. Había, pues, que renunciar al consor- "cio de la lengua con la raza y estudiar cada asunto por "separado"* (1).

*"La Europa moderna, dice Sergi, ignorante de la mis- "ma Historia primitiva, cree ver en las invasiones asiá- "ticas, ya llamadas indo-europeas, ahora arias, las im- "portaciones de una civilización, al mismo tiempo que "una nueva lengua, madre de los lenguajes denomina- "dos indo-europeos, o arios; y cree que las dos grandes "civilizaciones del Mediterráneo: la Griega y la Latina, "han sido de origen ario y de la misma patria donde "fué grande, la civilización india y persa, con las len- "guas ahora derivadas del Sánscrito y del Zenda. Los "lingüistas maravillados de las grandes convergencias "entre las lenguas arias del Asia y las de Europa, crea- "ron una gran leyenda que todavía vive como historia "auténtica; los arqueólogos y los historiadores más ilus- "tres las siguieron, y registraron las masas de una estir- "pe aria, que importó en Europa la gran civilización,*

---

(1) Nueva Geografía Universal. Montaner y Simón.—Tomo II. Páginas 141 a 146.

"*las grandes instituciones sociales y el culto religioso de*
"*los Dioses del Olimpo. La Europa había sufrido una ca-*
"*tástrofe y los linguistas habían encontrado la más gran-*
"*de de las civilizaciones; curioso fenómeno es éste, porque*
"*solo bastaría para demostrar la ilusión de tal leyenda*
"*el hecho de que poblaciones que permanecieron semi-*
"*salvajes hasta la llegada de las legiones romanas, no*
"*podían ser aquellas mismas que habían creado la civi-*
"*lización Greco-Latina*" (1).

Para este autor, Francia, España e Italia, han sido po-
bladas principalmente por fracciones del mismo tipo que
él denomina eurafricano, a diferencia de los grupos étnicos que han predominado en las naciones del Centro
y del Norte de Europa; y sus afirmaciones se han visto
comprobadas por los modernos descubrimientos antropológicos.

Gumplowicz en su libro "Lucha de Razas" (2), nos habla de una población primitiva de Grecia e Italia, cuyos
vestigios han desaparecido totalmente; y Oliveira Martins (3), Rafael Altamira (4) y otros autores reconocen,
que aunque profundamente mezclados, la base de la población española es de origen africano; pero las notables conclusiones del antropólogo italiano Sergi en su
obra "Decadencia de las Naciones Latinas", esclarecen
a nuestro entender este asunto que nos ocupa.

Para él los primitivos habitantes de Italia, provienen
del grupo mediterránico, que ocupó la cuenca en los tiempos prehistóricos, y que se denominaban pelasgos, ligures, iberos y libios. Tan sólo hacia la edad del co-

---

(1) Decadencia de las Naciones Latinas.—Pág. 179.
(2) Pág. 451.
(3) Historia de la Civilización Ibérica.—Introducción.
(4) Historia de España y la Civilización Española.—Tomo I. Pág. 30.

bre, comienzan a aparecer nuevos tipos humanos, realizándose desde entonces, una penetración, pacífica primero y a la fuerza después, de elementos asiáticos como los celtas, ilíricos, eslavos y protoeslavos (1).

La Península Ibérica la poblaron primeramente, los pueblos que le dieron ese nombre, los iberos, rama la más importante y civilizada de los tipos étnicos mediterránicos; sufriendo después la influencia de diversos grupos germánicos y asiáticos y especialmente de los celtas. Y en Francia es igualmente eurafricana la base de su población, pues cuando la conquista romana, los aquitanios, que se extendían por todo el sur de la Galia, eran por sus características profundamente mediterránicos, aunque no hay que dejar de reconocer que allí es donde se presenta más marcada la influencia exterior (2).

Comparando las tres naciones latinas, esto es, las dos Penínsulas y Francia, desde el punto de vista antropológico y de la composición étnica de sus habitantes, concluye Sergi lo siguiente: *"En su población han entrado "muchos elementos comunes a las tres naciones, bien que en diversa medida, esto es: los mediterráneos (euro- "africanos), como ligures e iberos, han sido comunes a "Italia, Francia y la Península Ibérica; los eurásicos, co- "mo los celtas, entran también en las tres regiones, pero "Italia ha tenido en los pelasgos otra rama mediterrá- "nica, y en los protoeslavos (ilirios), otra rama eurási- "ca; Francia en su lugar ha tenido un nuevo elemento, "el germano mixto, que en mucha menor proporción pe- "netró también en España e Italia"* (3).

---

(1) Decadencia de las Naciones Latinas.—Págs. 183 a 184.

(2) Obra citada.—Págs. 185 a 192.

(3) Obra citada. Pág. 194.

Los pueblos eurafricanos se caracterizan especialmente, por su exagerado individualismo. Entre ellos en materia de gobierno, sólo cabe este dilema: Si existe un talento superior ,que sepa mandar, se impone por la violencia y forma con los ciudadanos dóciles rebaños; pero si la masa no encuentra una inteligencia directora se abandona entonces a la anarquía, y ésta es para Sergi la característica fundamental en la evolución de las naciones latinas.

Roma, compendio y suma en la antigüedad de la civilización y el desarrollo de los pueblos eurafricanos, pasó del período de civilización anárquico que comienza en los Gracos y la Guerra Social, a la tiranía de los doce Césares, para caer de nuevo en la indisciplina de los albores de la decadencia. Italia, heredera excelsa del pueblo del Lacio, en toda la Edad Media, la Moderna y parte de la Contemporánea, se ha desenvuelto alternativamente anárquica o tiranizada. Francia, latina por su pensamiento y su carácter, ha sufrido los gobiernos de Luis XIV, el Terror y Napoleón I, y presenciado las escenas terribles de la San Bartolomé, las jornadas de septiembre, y las luchas de la Commune. España que tan profundamente recibió la influencia romana, ha sido anárquica en la Edad Media y en la Epoca Contemporánea, sufriendo en la Edad Moderna, la más terrible de las tiranías. Y finalmente, los países hispanos de la América, que también son eurafricanos, en su evolución política durante el siglo XIX, y más aún, en los aspectos fundamentales de su carácter, se encuentran abundantes pruebas de las afirmaciones del antropólogo italiano.

Para Sergi, la decadencia de las naciones latinas, proviene no de ese exagerado individualismo, sino de su moderna degeneración, pues la anarquía y la indisciplina se convierten en virtudes útiles, cuando la conciencia se halla agitada y sostenida por el ideal.

A Roma, mientras trató de conquistar al mundo, no le perjudicaron sus características eurafricanas, y lo mismo puede notarse estudiando la Historia de Francia, España e Italia. Lo cierto es, que las naciones latinas del Antiguo Continente y especialmente las dos últimas, agobiadas por su pasado glorioso y deslumbradas por los hechos de sus antecesores, solo miran hacia atrás, no dándose cuenta de que el ideal no debe ser nunca de regresión al pasado por muy venturoso que éste haya sido, sino que como base que es del progreso, tiene que mirar hacia lo que deviene.

"La Historia, dice por esto exactamente Sergi, es un "desastre para las naciones que han tenido un pasado "glorioso; sería oportuno y patriótico no enseñarla, por-"que aguza los recuerdos de la pasada grandeza y crea "el afán de renovarla, en la misma forma y con iguales "medios. Los pueblos que no tienen historia, miran ha-"cia el porvenir, y se desenvuelven lenta y sólidamente "hacia esa meta, como organismos noveles. Por eso Ita-"lia es la más desgraciada de las naciones, porque in-"movilizada en su pasado y en sus tradiciones está de-'caída, y en vez de tentar nuevas sendas y direcciones "para su porvenir nuevo, se hunde más dentro de su pa-"sado y allí se detiene" (1). Lo mismo puede decirse de España, donde la frase tantas veces citada, de un ilustre escritor, recomendando al pensamiento español, que cerrase con doble llaves el sepulcro del Cid, fijando su atención en las esperanzas del porvenir, no ha modifi-

---

(1) Sergi: Obra citada.—Pág. 75.

cado, lo que ha producido la ruina del pueblo, el exceso de confianza en las heroicidades de la raza, defecto
muy latino, que llevó a Francia a la debacle de 1870,
y a España al desastre de Manila y Santiago de Cuba.

Sin embargo, creemos en contra del autor citado (1)
que la aspiración burocrática y otros defectos que él
presenta como peculiares de las naciones latinas, son
más bien el producto de los errores de organización política y administrativa, generales a todos aquellos países en que no han podido aplicarse exactamente los
ideales democráticos, que manifestaciones de su decadencia, la cual como hemos dicho, solo es el resultado
de la inercia y el pesimismo que han invadido su carácter degenerado, o mejor dicho, atrofiado, por las grandezas de su Historia.


## V I

España étnicamente considerada es el resultado de la
combinación de diversos pueblos, todos los cuales a fines de la antigüedad completaron su espíritu nacional
merced a la influencia civilizadora de Roma.

Las razas que primitivamente la habitaron, eran originarias, como ya hemos dicho del norte de Africa, y
pertenecieron al grupo étnico denominado iberos, a los
cuales se unieron después los celtas, que pertenecen a
los pueblos eurásicos.

Estos grupos, conocidos por celtíberos, recibieron sucesivamente la influencia fenicia, griega y cartaginesa,
hasta que los romanos, después de luchas homéricas,

---

(1)  Sergi: Obra citada.—Págs. 116 a 124.

en que se manifestaron por vez primera los instintos de independencia del pueblo español, con el influjo poderoso que les daba su civilización, latinizaron al ya heterogéneo pueblo, que adoptó rápidamente la lengua y las instituciones de Roma, convirtiéndose después con la aceptación de la Religión Católica, en un pueblo latino por su cultura y por su civilización.

La invasión de los bárbaros contribuyó a complicar todavía más la filiación étnica del español. Los suevos se establecieron en Galicia y Lusitania; los vándalos en Andalucía; y los alanos, silingos y gépidas en las regiones centrales, hasta que los godos, dominando sucesivamente a todos estos pueblos, dieron con Recaredo unidad a la Nación Española.

Nuevamente los pueblos africanos en el siglo VII invadieron la Península Ibérica, y aunque sin destruir en su esencia el espíritu latino del pueblo español; modificaron especialmente en las provincias del sur, los elementos accesorios de su carácter nacional.

Esta complejidad de origen, esta diversidad de los factores étnicos y psicológicos, contribuyeron a formar el carácter contradictorio del español.

Los árabes le dieron su indolencia y su fanatismo. Los godos, su altivez y su valor. Los iberos, su tenacidad. Los celtas, su carácter belicoso. Los eurafricanos, su indisciplina originaria. Y los latinos, su genio emigrante y colonizador, y su disposición extraordinaria, que también tiene algo de griega y árabe, para la producción literaria.

Por todo esto es tan difícil la determinación del carácter español. La variedad de los tipos provinciales, que pueden constituir caracteres muy bien determinados. La vida turbulenta producida por su origen eurafricano y las vicisitudes de su historia, han contribuído a formar ese catolicismo anticristiano de la Inquisición; ese vergonzoso sentimiento del honor, de los dramaturgos del Siglo de Oro, y el absolutismo anárquico, la avaricia pródiga y la alegría triste, que constituyen para Bunge las concordancias y discordancias fundamentales del carácter español (1).

Esta antinomia es más evidente si consideramos los sentimientos que los españoles han estimado siempre como los básicos de su nacionalidad: la religión, la patria, el Rey, y el honor.

Eugenio Sellés, en un libro notable titulado la "Política de Capa y Espada", estudia con abundancia de ejemplos históricos, lo que podemos calificar de rarezas españolas.

Refiriéndose a su fanatismo religioso, que en sí ya es la negación de la evangélica doctrina de Cristo, dice que "la misma patria de la Inquisición, era la del asalto "y saco de Roma; los mismos Reyes que intentaban "aplastar con las armas la protesta de Lutero, maltrata-"ban y ponían en estrecha prisión a los Pontífeces ro-"manos; y el mismo pueblo que expulsó a los judíos y "moriscos, que fundó conventos a millares y alimentó a "legiones de frailes, expulsó a los jesuitas y acabó a cu-"chilladas con las órdenes monásticas" (2).

El sentimiento patriótico no fué obstáculo para que los diversos reinos de la Península se aliasen a los moriscos, y para que las traiciones fueran tan comunes que puede decirse que su enumeración, casi forma la Historia de España en la Edad Media.

---

(1)  Nuestra América.—Pág. 100.

(2)  La política de Capa y Espada.—Pág. 17.

La fidelidad al Rey, es tan variable como las anteriores características. En la Edad Media, el Rey en la mayoría de los casos era un juguete de las cortes y de las comunidades, y en la Edad Moderna, tuvo que sufrir muchas veces las imposiciones de asonadas militares y de levantamientos del pueblo.

Por eso dice con razón el autor citado, que "las gen-"tes que proclamaban como fundamento dogmático de su "religión político-social, la trinidad histórica de Dios, Pa-"tria y Rey, no sabían respetar ni al Rey, ni a la Patria, "ni a Dios, cuando el respeto de estos principios, se opo-"nía al porvenir del individuo o a las conveniencias del "partido" (1).

Y el honor que también muchos han considerado como fundamental en el carácter español, presenta numerosas contradicciones. La deslealtad y el uso de procedimientos poco honorables, es la característica de los caballeros medioevales y de los cortesanos de la época moderna; y hasta en la Literatura, como demuestra Nicolás Heredia, el honor que se pinta es más bien enfermizo y absurdo.

Todo lo anterior hace en extremo difícil el determinar las ideas fundamentales que han guiado al pueblo español, en las vicisitudes de su historia, aunque como dice Sellés "el alma española es sin duda, recia y valero-"sa, es cierto su empuje y proverbial su carácter pen-"denciero; pero con ser así individualmente, el español "parece otro en la vida social; una sospecha de injuria, "un mal gesto, una palabra mal sonante, provocan lan-"ces de muerte; un agravio inferido a todos, nos deja "tranquilos: nos toca poca parte a cada cual, y aún de

_____
(1)  Sellés: Obra citada.—Pág. 126.

"esa poca nos creemos exceptuados. Los pueblos así
"acobardados son recuas aparejadas para aguantar so-
"bre el lomo, toda carga y servidumbre" (1).

Esto, que es la más completa prueba del predominio
de los elementos eurafricanos, en el carácter español,
lo atribuye exactamente Bunge a la evolución de su característica fundamental que es la arrogancia, pero en
lo que no estamos conformes con el sociólogo argentino, es en la causa que para él produce esa característica del pueblo ibero.

No es la Geografía, ni son las invasiones históricas,
las que han formado esa altivez independiente hasta la
anarquía, del español, son los factores psicológicos de
los grupos eurafricanos que dieron origen a su pueblo,
que se han conservado con pocas variaciones a través
de su Historia, reapareciendo súbitamente con la misma
fuerza y energía de los tiempos primitivos, cuando decadente la nación por el desgobierno de varias generaciones de monarcas, comenzó la epopeya de la Guerra
de Independencia con el grito glorioso del Dos de Mayo.

La arrogancia española, no es nada más que un aspecto de la indisciplina anárquica e independiente, que
Sergi atribuye a los pueblos eurafricanos; y en ella debemos buscar las causas de esa falta de solidaridad,
y de ese exagerado culto al valor personal, que Hume
reconoce al pueblo español, aunque no dejamos de reconocer, que la influencia de la posición geográfica y
de las numerosas invasiones que ha sufrido la Península Ibérica, hayan fortalecido y exagerado esa tendencia originaria de los pueblos eurafricanos.

---

(1) Obra citada.—Pág. XV de la Introducción.

En lo demás, Bunge ha estudiado admirablemente el desenvolvimiento de esta característica española. En su libro "Nuestra América" (1), nos presenta las diversas etapas, que ha sufrido en su evolución histórica. Desde la arrogancia defensiva, que caracteriza a las heroicidades de Numancia y al valor de Viriato; a la arrogancia latinizada del estoicismo de Séneca, —especie de individualismo introspectivo—, y del tono declamatorio y altisonante, que Quintiliano introdujo en la Literatura Latina. De la arrogancia, caballeresca del Cid, ganando pueblos y vasallos para el Rey que injustamente le había desterrado, a la arrogancia anárquica de Pedro el Cruel, valiente cual andante caballero y altivo cual árabe español. Y de la arrogancia antihumana de Guzmán el Bueno; a la arrogancia adquisitiva de Hernán Cortés y Pizarro, conquistando con arrojo y altivez hispanas, tierras extensas e imperios poderosos.

Entonces la antigua arrogancia, que tan grande hizo a España, termina en la rota de Villalar y la ejecución del heroico Padilla y modificándose el carácter español, solo en lo exterior, por la influencia del despotismo político creado por la unidad nacional, aparecen la arrogancia disciplinada del Conde de Benavente, quemando su palacio cuando lo abandonaba el Condestable de Borbón, al que había recibido por orden expresa del monarca. La arrogancia dogmática, característica del Derecho y de la Teología. La arrogancia feroz de Torquemada y los autos de fé. La arrogancia del mendigo histórico que acepta la limosna como un favor y finalmente la arrogancia de la época decadente del siglo XIX

(1)  Libro I.

que dió por resultado la aplastante derrota de la Guerra Hispano-Americana (1).

En el estudio de la Literatura, es donde se comprueba la veracidad de estas afirmaciones, pues el desprecio a lo sentimental, la tendencia morbosa hacia el heroismo, la perseverancia testadura y sangrienta, la intolerancia y estrechez de límites, y la lealtad al monarca, que verosimilmente niega Menéndez y Pelayo al carácter español, se mueven y entrechocan en todos sus empeños literarios, dándoles un tono peculiar y especialísimo.

El concepto del honor es puramente objetivo, y la ofensa es castigada con severidad, más por la resonancia pública que puede tener, que por el dolor íntimo que ha causado. El amor, es profundamente carnal, con discreteos convencionales, declamatorios y efectistas. Las mujeres, excepto las de Lope, son muy poco femeninas; y la madre, como ha notado Enrique José Varona (2), ha sido proscripta en lo absoluto de la escena española, por los dramaturgos del Siglo de Oro.

La Religión es el centro, alrededor del cual giran todos los problemas de la vida, y los ascetas y místicos abundaban en España, cuando Lutero negaba en Alemania, la infalibilidad de la Iglesia, cuando la herejía se inculcaba en las conciencias europeas, y cuando Espinoza, con sus sistemas filosóficos, hacía discípulos en Holanda e Inglaterra; y aún en los novelistas contemporáneos, que con pluma castiza pintan los impulsos y tendencias de la vida española, acusan la supervivencia

---

(1) Obra citada.—Págs. 108 y 109.

(2) La Sensibilidad en la Poesía Castellana de Nicolás Heredia. —Págs. 38 y sigts.

en el alma nacional, de esa inercia para la investigación, de esa espíritu estrecho, cuyo resumen es la exposición de los catedráticos de la Universidad de Cervera a Fernando VII, calificando de funesta manía, al pensamiento.

La Inquisición con sus exageraciones monstruosas, sólo podía existir en la España de los Felipes. "Hombres de piedad tan sincera y de vida tan correcta como Fray Luis de León y San Juan de la Cruz, pasaron por los calabozos inquisitoriales; santas como Teresa de Cepeda o de Jesús, estuvieron muy cerca del denigrante sambenito; un Arzobispo de Toledo-Carranza—sufrió terribles persecuciones; un Virrey del Perú—el conde de Alba-Liste—fué objeto de amenazas desde un púlpito en plena solemnidad religiosa; y todo un monarca—Carlos II—, pasó por el ridículo a que lo sometieron los padres exorcistas" (1).

La violencia española ha pasado lógicamente a la Literatura; Quevedo, después de escribir una sátira vibrante o una poesía jocosa, se enredaba a cuchilladas en las puertas de las Iglesias; Garcilazo, el dulce poeta de las Eglogas, alternaba la pluma con la espada; Cervantes, lucía con su brazo manco, la prueba de sus heroicidades en Lepanto; y Ercilla, descansaba de las luchas homéricas con los araucanos, escribiendo por las noches a la luz de las antorchas, las hazañas de los combatientes del día anterior.

Los Libros de Caballería que tanta importancia tuvieron en los primeros años de la Edad Moderna, y que casi llegaron a convertirse en una enfermedad epidémi-

_____

(1) **La Sensibilidad en la Poesía Castellana** de Nicolás Heredia. —Pág. 89.

ca, no son nada más que la exaltación de la arrogancia caballeresca, de la altivez y el valor personal.

El Romancero se eleva y engrandece, cuando canta en versos sencillos, la figura epopéyica del Cid, ganando batallas hasta después de muerto, las gestas homéricas del Conde Fernán González y el fatalismo sangriento de los Siete Infantes de Lara y del bastardo Mudarra.

La Literatura dramática del Siglo de Oro, es sangrienta y ruda, en sus desenlaces, innoble en el García del Castañar y monstruosa en la Estrella de Sevilla, tan sólo Calderón, en el tipo enorme de Pedro Crespo rehuye el conflicto tan común como absurdamente resuelto entre el honor personal y la fidelidad al Rey (1).

La Lírica, es arrogante y declamatoria, considerando el sentimiento, como ilógico en las almas fuertes y tem-

---

(1) Nicolás Heredia.—Pág. 31.—En el drama de Narciso Serra "El reló de San Plácido", dice el Sr. Fernández Bremón—"Don Diego que ronda la calle a Doña Ana, trata de acometer a un embozado que sale a deshora de la casa. D. Juan, padre de la novia, defiende al desconocido, que es el Rey, diciendo a su presunto yerno:

Juan. —Vive Dios
      Pasará que yo le ampare.
Diego.—¿Vos aquí Don Juan?
Juan. —Yo aquí.
Diego.—¿Sabéis qué quiere?
Juan. —¿Y qué?
Diego.—¿Y le defendéis?
Juan. —Sí, sí.
      Pondré mi boca a sus pies.
      Pisando mi deshonor.
Diego.—Ay Don Juan, vuestro dolor
      Me ha revelado quien es.
      Pasad.

                        (Se descubre y el Rey pasa.)

pladas. *Leemos parrafadas de versos sonoros como cam-*
*panas y profundamente filosóficos, pero "en vano bus-*
*"caríamos desde el blando y aromado Villegas, hasta*
*"Herrera, el broncíneo y magnífico, un grito sincero, un*
*"clamor salido de las entrañas; pues la lírica española,*
*"por lo seca parece un erial, y por lo afectada y retórica,*
*"un jarrón lleno de hojarasca trapera y de floripondios*
*"de papel de trapo"* (1).

Sin embargo, hay que exceptuar a Jorge Manrique,
que inspirándose en la elegía de Abul Becka, sobre la
conquista de Córdova y Sevilla por Don Fernando el
Santo, recoge en acentos profundamente sentimentales
y filosóficos, los latidos de su corazón llorando sangre
por la muerte de su padre; a Garcilazo, que en forma
sencilla y delicada, con el dulce colorido que le era peculiar, canta sobrepujando a los bucólicos italianos, la
vida sentimental de los pastores; a Espronceda, que com-
penetrándose con el alma satánica de Lord Byron, lanza
dardos envenenados al Dios inerte y vengativo, y en versos humorísticos, pero de intención profunda, afirma que
para vivir en santa calma—o sobra la materia o sobra
el alma; y a Bécquer, temperamento delicado, que encierra en su corazón y traduce en su cerebro, todos los
dolorosos amores de la humanidad, dando como Heine
la triste sensación de los inviernos del norte, en que la
naturaleza triste aparece mustia y desolada, y recibe el
nuevo llanto del cielo también entristecido, bajo la forma de pequeños copos de nieve. *Es decir,* afirma Nicolás Heredia, *"que mientras menos español es el poeta,*
*'mientras menos se identifique con las tradiciones na-*
*"cionales, es más sensible, como si su índole nativa es-*

_____

(1) Heredia: Obra citada.—Pág. 109.

"tuviese en razón inversa del dolor de humanidad que "desarrolla" (1).

La pintura es siempre impresionante "y no ha perdido "todavía, el colorido tétrico, que se observa en las obras "de Zurbarán, Valdés Leal y Españoleto. Los cuadros "mejores o más célebres que se han pintado en Espa- "ña durante el curso de este siglo (XIX), desarrollan ar- "gumentos sombríos, que a veces causan una impresión "horripilante. Citaré el entierro de las víctimas del Dos "de Mayo, por Goya, cuyo enérgico pincel ha trazado "la escena con rasgos de verdad aterradora; el testa- "mento de Isabel la Católica, en que Rosales pinta los "últimos momentos de la Reina; y la muerte de Lucrecia, "en que el mismo autor ha sombreado el lienzo con trá- "gicas y vigorosas pinceladas. Gispert, revive la escena "de la decapitación de los Comuneros de Castilla y el "fusilamiento de Torrijos, y sus compañeros. El último de "estos cuadros, reviste una grandeza dramática espanto- "sa. Domingo ofrece el suicidio de Séneca, una muestra "de realismo tan crudo que hace daño; Casado amon- "tona cabezas recien cortadas en la Campana de Hues- "ca; Pradilla, ha reproducido a Doña Juana la Loca via- "jando con el sarcófago de su marido; Muñoz Degrain, "exhibe el triste episodio de la muerte de los amantes "de Teruel; Pinazo, los últimos momentos de D. Jaime el "Conquistador; Moreno Carbonero, en la conversación "del Duque de Gandia, nos presenta el cadáver de la "emperatriz Doña Isabel; y Luis Jiménez ha hallado asun- "to en un hospital, para la más notable de sus obras" (2).

---

(1)  Obra citada.—Págs. 154, 269 y 288.

(2)  Nicolás Heredia. Obra citada.—Pág. 164.

En la admiración histórica y en la idolatría por ciertos tipos nacionales, se manifiesta igualmente el carácter español. Guzmán el Bueno, caballero feudal, tan fuerte y arrogante, como bárbaro e insensible; Pedro el Cruel, Rey atroz, inhumano y profundamente popular por su arrogancia jactanciosa; Vasco Núñez de Balboa, Cortés y Pizarro, rudos caballeros, de corazones de mármol e insensibilidad de fieras; y el Duque de Alba, adusto y cruel, destruyendo a sangre y fuego a los Países Bajos demuestran la tendencia a la hipérbole del carácter español, que no admite términos medios.

El Cid, héroe que ha pasado a la Literatura Universal, es la personificación del guerrero arrogante, del mesnadero quijotesco, que reside en el alma de cada español, D. Quijote, es autoritario y arrogante, y lo mismo trata de demostrar la suprema belleza de Dulcinea del Toboso, a los molinos de viento y al rebaño de carneros, que a la turba de yangüeses y al Caballero de la Blanca-Luna; y el tipo también universal del Burlador, es la pintura más fiel y el retrato más exacto del amor arrogante y el carácter pendenciero.

Esas características del pueblo español, son las que han causado el despotismo religioso de los Felipes; el despotismo político de la expulsión de los judíos y moriscos y la destrucción de las libertades municipales; el desprecio al trabajo constante y metódico en el campo literario; la tiesura adusta de los rostros pintados por Velázquez; y la truhanería inmortalizada en las novelas picarescas y su degeneración en la Edad Moderna, el tipo del matón tan magistralmente descrito por Cervantes, la fanfarronería, la verbosidad, la maledicencia, y sobre todo estos aspectos el culto al valor personal y la confianza nunca desmentida en la generosidad de la raza, que ha permanecido intacto desde los tiempos primitivos, a pesar de las vicisitudes y reveses ejemplares que ha sufrido en su evolución.

# VII

Al pasar los conquistadores a la América, impulsados por uno de los aspectos de esa arrogancia a que nos referimos, se encontraron con otros elementos, los unos naturales de nuestras tierras, y los otros introducidos en ellas, cuya concurrencia, según el predominio de esos grupos originarios, formó el carácter nacional de las actuales Repúblicas Hispano-Americanas.

La raza indígena, como hemos hecho notar anteriormente, no ha influído en la formación de los actuales grupos étnicos de Cuba.

Provenientes en épocas prehistóricas de la América del Sur, y completamente aislados en nuestra Isla, los siboneyes y araguacos, desarrollaron muy imperfectamente el genio civilizador de su raza, pues con el menor esfuerzo satisfacían en la naturaleza tropical, las escasas exigencias de su vida sedentaria.

Su organización social era en extremo sencilla. El cacique era más bien un padre, que un monarca; el behique, curaba las enfermedades del cuerpo y las dolencias del alma; y todos, absolutamente todos vivían contentos y felices entregados a sus borracheras con chibcha y cohoba y a sus areitos y juegos de batos.

Sus creencias eran legendarias, y sus mitos excesivamente pueriles. En el arte dejaron escasas manifestaciones de su poco genio, en los cemíes toscamente tallados, y en su cerámica rudimentaria. Iban completamente desnudos, y a pesar de la temperatura ardiente de los trópicos, no sufrían los deseos imperativos de la carne y su corazón bondadoso, exento de vicios y pasiones, los hacían dignos de un fin menos sangriento que el que les dieron los conquistadores.

Como era lógico, aquel pueblo no pudo resistir el empuje de la raza blanca, pues a pesar de les numerosas Reales Ordenes y Cédulas, obtenidas por el apóstol infatigable del indio, Fray Bartolomé de las Casas, los conquistadores, ansiosos solo de enriquecerse con la explotación de esta tierra, organizaron prácticamente, el aniquilamiento, por el trabajo excesivo, de aquel pueblo, muelle y desgraciado.

Es indudable que todavía existirán descendientes de los indígenas de Cuba (1), y que sobre todo en ciertas partes de la Provincia Oriental hay individuos cuya filiación parece aborígen, pero la influencia étnica de esta raza sobre la nuestra es apenas apreciable.

Sin embargo, desde el punto de vista psicológico una concordancia afectiva nos liga con los sentimientos de aquella raza cuyas tierras heredamos, y Hatuey, el indio vigoroso y esforzado, es uno de nuestros héroes nacionales. Muchos de nuestros poetas y escritores han creído que la verdadera Literatura Cubana, estaba en la narración de las grandezas y dolores de aquel pueblo, y en nuestra lengua existen multitud de locuciones de origen absolutamente indígenas, pero todos estos aspectos, no han modificado ni siquiera parcialmente, nuestro concepto latino y las características hispanas del cubano actual, por lo que para nuestro estudio no es importante

_____

(1) Véase Cuba Primitiva, de Bachiller y Morales.

la influencia indudable que han tenido los aborígenes, en estos y en otros aspectos de nuestra organización social.

## VIII

No puede decirse lo mismo de la Raza Negra, que ha desempeñado un papel importantísimo en nuestra formación étnica y psicológica.

Introducida en Cuba casi al mismo tiempo que comenzó su colonización, en cantidad tan numerosa que algunos autores la elevan a más de un millón, y viviendo siempre en frecuente contacto con la raza blanca, que ha absorbido o modificado el carácter del negro, no ha dejado éste por su parte de reaccionar poderosamente sobre aquél.

Desde 1501 por Cartas Reales, se permitió a Nicolás de Ovando, Gobernador de Santo Domingo, el introducir en las Antillas negros esclavos nacidos en España, con el fin de dedicarlos a las labores de la agricultura, en las que eran muy superiores, por su fortaleza y sumisión a los indios occidentales; pero verdaderamente hasta 1517 (1525 dicen otros), no se comenzó en gran escala el negocio de la trata, concedida en monopolio durante los siglos XVI y XVII a diversos individuos, con la obligación de pagar una tasa o impuesto al tesoro real por cada negro introducido en América.

Con este procedimiento según calcula Humboldt, desde 1521 a 1765, se introdujeron 50,000 esclavos, y en 1790, cerca de 91,000. "De esta fecha a 1820 la introducción de "esclavos en la Habana, según se muestra por las cifras "de la Aduana fué de 225,575, a los cuales debe agre- "garse una cuarta parte que entraban de contrabando, *"haciendo un total entre 1521 y 1820, de 372,449. Entre "esta fecha y el año de 1853 se calcula que hubo 271,659 "esclavos introducidos por los medios legales y de con- "trabando, que hacen un total de 644,105, una tercera "parte de los cuales eran hembras. De 1853 a 1880, épo- "ca en que la esclavitud se prohibió finalmente, se in- "trodujeron de contrabando 200,000 en la Isla, que ha- "cían un total de 950,000 a un millón"* (1).

Fernando Ortiz, afirma que dada la diversidad de ejemplares de la raza negra introducidos en Cuba, es en extremo difícil el determinar fijamente sus caracteres psíquicos.

En nuestra Isla están representados todos los tipos negros que pueblan el extremo Occidental de Africa y hasta muchos de las regiones Central y Oriental, aunque los que más han influído en nuestras condiciones psicológicas, como explica el autor citado, son los yolofes, senegales aguerridos, belicosos y difíciles de gobernar, aunque excelentes cuando no eran indisciplinados; los mandingas, de color moreno claro, mansos, de carácter fácilmente moldeable, francos, hospitalarios y apreciados como los más aptos para el trabajo embrutecedor de los ingenios; los bambaras, muy robustos, pero en extremo fatalistas y torpes, de condición voluble, muy perezosos e inclinados al robo; los lucumis, inteligentes y civilizados, pero altivos, arrogantes y muy difícil de sujetar a la esclavitud; los ararás, dóciles y muy poco sensibles a los horrores de la Trata; los dajomés, muy malos esclavos, porque añorando siempre sus recuerdos del Africa, terminaban comunmente en el suicidio; los minas, delicados, femeniles, impresionables y

---

(1)  Censo de 1889.—Pág. 72.

en extremo cobardes en las enfermedades; los carabalis, generalmente buenos, amantes del trabajo y cumplidores de sus obligaciones, y aunque en su tierra tenían fama de antropófagos, aquí en Cuba eran los negros que más comunmente con su peculio se proporcionaban no solo la libertad sino también cierta independencia económica; y los bisayos, soberbios e indomables al decir de José Antonio Saco (1).

Pero sin embargo, basándose en que un negro difiere poco de otro negro y que en Cuba, dada la convivencia de esos elementos disímiles, cumpliéndose la ley de imitación, el negro ha aceptado los caracteres psíquicos de sus grupos más civilizados, dice Ortiz describiendo a esta raza: *"El negro fué traído a Cuba en la más "completa desnudez física y psicológica. El negro en es- "te estado es como decía Gerard de Riale, un niño gran- "de entregado a la impresión del momento y absoluta- "mente esclavo de sus pasiones. Así se manifiestan en "él las contradicciones más sorprendentes. Es ligero, in- "consecuente, alegre, reidor, amante del placer con fre- "nesí; loco por el baile; el ruido y los vestidos chillones "y llamativos. Los etnólogos completan estos trazos, pin- "tándonos a los pueblos africanos que dieron su carne a "la trata abominable, como naturalmente indolentes, de "sensualidad desbordante, faltos de previsión, supersti- "ciosos sin límites, de inteligencia poco despierta y ene- "migos de las ideas abstractas, tímidos de espíritu ante "lo desconocido, aunque valeroso ante el peligro real, "caritativos, amantes de su terruño y preso de añoran- "zas en tierras extrañas por el recuerdo del país nativo;*

---

(1) Fernando Ortiz: **Los Negros Esclavos.**—Págs. 57 a 62.

*"lleno de devoción a los hijos y dado a la buena amis-*
*"tad" (1).*

*"El negro, dice Aranzadi, es sanguíneo y resistente,*
*"violento, demostrativo, aparatoso, frívolo y vanidoso,*
*"con tendencia a la risa, la mentira, la broma y la taca-*
*"ñería; con espíritu de imitación y curiosidad y realista*
*"en diplomacia. Sus pueblos son preferentemente horte-*
*"lanos, algunos pastores y ganaderos en el Norte y Sur*
*"de África, y otros cazadores; el principal cereal africa-*
*"no es el mijo, y se alimentan de sagú y coco. Se cobi-*
*"jan algunos en cuevas o cobertizos; mas la mayor par-*
*"te vive en chozas, en cabañas o casas de madera reuni-*
*"das en aldeas; en sus religiones dominan principalmen-*
*"te la hechicería, el totemismo, y el culto a los antepa-*
*"sados" (2).*

Como puede fácilmente notarse, los negros por su estado de cultura, pertenecían al grupo de razas que Le Bon denominaba inferiores. Su civilización era en extremo rudimentaria y su carácter más dado al trabajo material que al cultivo de las facultades espirituales del hombre. En resumen, era una raza que por sus condiciones psicológicas, la fuerza de su cuerpo y su aptitud para el trabajo, aún en los climas ardientes de los trópicos, podía haber desempeñado un papel más útil y hasta depurador, en el desenvolvimiento político de Cuba; pero la raza blanca, en vez de desarrollar las buenas cualidades del negro, por medio de la esclavitud y de la inmoralidad natural en las colonias, fomentó sus instintos antisociales de licencia y libertinaje.

Es cierto, que la esclavitud no era una práctica extra-

---

(1) Fernando Ortiz: Los Negros Esclavos.—Pág. 54.
(2) Hoyos Sainz y Aranzadi: Antropología.—Tomo IV. Pág. 18.

ña a los pueblos africanos, pues para ellos era una especie de derecho natural, derivado de la costumbre. Los prisioneros de guerra, homicidas, ladrones, adúlteros y deudores, eran como esclavos, y se daba el caso curioso, que hasta por el juego, un hombre podía perder su libertad. La trata fué la que la hizo inhumana, convirtiéndose en un negocio despreciable, entre blancos ambiciosos y reyezuelos que solo pensaban en satisfacer sus salvajes vicios.

Los esclavos eran cazados, pues no puede calificarse de otra manera, a las excursiones destinadas a la busca de mercancía humana; y los reyes, en último caso, no desdeñaban a echar mano a sus mismos súbditos, los cuales vendían a negociantes y viajeros de alma tan negra como el cuerpo del mísero africano. Entonces comienza el largo y duro calvario del esclavo.

Estando completo el alijo, el mercader formaba su caravana compuesta generalmente de sesenta a cien esclavos, dirigidos por un mayoral y diez o doce vigilantes. Se disponían a los negros en fila de a uno, amarrados como racimos humanos por cuerdas, tan fuertemente retorcidas alrededor del cuello, que bastaba un movimiento mal hecho para que el esclavo pereciese ahogado.

Durante la noche como pernoctaban al aire libre, se reforzaba la seguridad de los esclavos, con grilletes y con fuertes cadenas que los unían a todos, imposibilitándoles el movimiento sin producir un ruido espantoso (1).

Llegados a la costa, eran encerrados en barracones hediondos, y con el fin de evitar la terrible misantropía que se apoderaba de los esclavos, acabando en pocos

---

(1)  Fernando Ortiz: Obra citada.—Pág. 108.

días con sus organismos debilitados por la marcha fatigosa a través de la selva, los mayorales les hacían salir a las plazas dos veces al día, obligándoles a cantar acompañándose de palmadas, diversión que, hecha a la fuerza, se convertía en un suplicio atroz.

La vida en los barracones era horrible; los enfermos, abandonados a su suerte, morían a la vista de sus compañeros acobardados por tal espectáculo; los remisos, adquirían actividad a fuerza de latigazos que les descarnaban las espaldas; y la promiscuidad de los seres desnudos, los contactos sexuales y la lujuria y brutalidad de los vigilantes favorecían la inmoralidad y la corrupción.

Concurrían diariamente al mercado de esclavos, donde sufrían los manoseos de viajantes que investigaban con tranquilidad cínica, hasta los más recónditos lugares de hombres y mujeres, llegando hasta lamerles la barbilla, para descubrir, según el sabor de los sudores si estaban enfermos y convencerse por su dureza, si su edad era mayor que la que aseguraban (1).

El viaje en el barco era más repugnante aún. *"Falcombridge, en su obra sobre la trata escribe: Los negros va-*"rones, en cuanto llegan a bordo de un barco son pe-*"gados y atados de dos en dos por medio de esposas*"que les ligan las muñecas, por grillos que les aprisio-*'nan las piernas... Con frecuencia son aglomerados unos*"contra otros, al punto de estar obligados a acostarse de*"costado, sin poder cambiar de posición. El escaso pun-*"tal de los entrepuentes no les permite en forma alguna,*"salvo directamente sobre las escotillas, acomodarse al-*"go, poniéndose de pie, especialmente en aquellos bu-*

---

(1) Ortiz: Obra citada.—Pág. 128.

"ques donde hay plataforma, lo que es muy ordinario
"que suceda. Estas plataformas son una especie de ta-
"blas, de ocho a nueve pies de largo, que van desde los
"costados de la nave hasta el centro de la misma. Van
"colocados aproximadamente en el medio del espacio
"que se encuentra entre los puentes, y a la distancia de
"tres pies de cada uno. Y sobre esas tablas son hacina-
"dos los esclavos del mismo modo que sobre el puente
"que hay debajo" (1).

Con las negras la inmoralidad y la corrupción era aún
peor. Ortiz (2), anota el caso de un buque que llegó a
la Habana, con un cargamento de 97 negras de 13 a 14
años de edad, todas las cuales habían sido violadas durante el viaje.

Llegados los esclavos, clandestinamente o consentidos
por las autoridades, a nuestra Isla, previo el pago de
la correspondiente tasa, legal o ilegal, eran de nuevo
encerrados en barracones o corrales, llenos de las in-
mundicias de las anteriores caravanas; les ponían un
nombre bautizándolos con un hierro candente, que les
imprimía en el pecho la marca imborrable de su triste
condición, y después de calimbados, los disponían para
esperar a los compradores. El precio variaba según las
diversas condiciones del esclavo y la compra iba siempre precedida de una inspección general muy semejante a la que hemos descrito.

Para estudiar la vida de los esclavos negros en Cuba, aunque sea someramente, hay que considerarlos bajo los dos aspectos que los presenta Ortiz, el esclavo del
campo y el de la ciudad, dejando para capítulos poste-

(1) Los Negros Esclavos.—Pág. 143.
(2) Obra citada.—Pág. 149.

riores, la consideración de sus características que se han conservado en el cubano actual.

En el campo indudablemente su condición era mucho más aflictiva *"para el amo, dice Cirilo Villaverde, el ne-* *"gro era un compuesto monstruoso de estupidez, cinis-* *"mo, de hipocresía, de bajeza, y de maldad; y el sólo* *"medio de hacerle llenar sin murmuración, ni retraso, la* *"tarea que tiene a bien imponerle, es el de la fuerza, la* *"violencia y el látigo" (1).*

El trabajo de la dotación, nombre que se daba al conjunto de negros de un ingenio o cafetal, duraba comunmente dieciseis horas al día, concediéndoseles solo seis para el sueño y el resto de descanso; su alimentación habitual, consistía en viandas y frutas mal cocidas; sus habitaciones, sucias e inmundas, eran escenario de las brutalidades y lujurias de los mayorales y vigilantes; y todos sus derechos y deberes se sintetizaban en la obligación de trabajar estúpidamente para el enriquecimiento del amo.

Cualquier pequeña equivocación era reprimida con castigos crueles; los insultos y latigazos eran el método de gobierno de los repugnantes mayorales; y la vida inmoral y sanguinaria de los ingenios criollos, solo desarrollaban en los infelices negros, instintos horribles de ferocidad, o despreciables sentimientos de servilismo y sumisión.

El baile era una necesidad para el esclavo negro, cuyos días de fiesta los dedicaban a danzar frenéticamente.

El aspecto de la dotación cambiaba por completo y desde el día anterior, el esclavo trabajaba más a gusto; el

_____

(3)  Cecilia Valdés.—Pág. 280.

látigo del mayoral estaba ocioso y en el semblante de todos se vislumbraba la alegría que cosquilleaba en su cuerpo.

Las casas del ingenio se adornaban con telas y banderines, y los negros se colgaban del cuello, abalorios y brujerías de vidrios, que al irizar por la luz solar, producían arcos multicolores. Desde el amanecer, las tumbas atronaban el espacio con su sonido sordo y profundo, haciendo saltar de alegría el corazón de los esclavos. El baile iba a empezar, el güiro rompía en lujuriantes sones, y las maracas llenaban el espacio con su música sensual y desconcertante.

Los esclavos en el batey entonan a gritos sus cantos llevando el compás con palmadas o timbales. A una señal del bastonero, que de antemano ha repartido los papeles de la danza, una negra, joven, bella y ardiente, avanza con pasos sensuales como embriagada por el canto monótono y lento y los sones lujuriantes de la orquesta. Va sencillamente vestida, un ligero paño multiculor cae sobre su cuerpo, dibujando sus formas firmes, robustas y atrevidas de Venus negra. Avanza altiva suscitando envidia y despertando deseos, mueve su cuerpo con espasmos epilépticos haciendo saltar sus pechos como frutas agitadas por la brisa, un estremecimiento recorre todo su ser, y queda quieta, desafiando a la música que ha callado repentinamente sus sones.

Pero la tumba no ha terminado. Un negro joven, moviendo acompasadamente el cuerpo, comienza a avanzar hacia la doncella, animado por la música que ya galopa. Llega hasta ella y pretende abrazarla, pero la negra despertando súbitamente echa a correr moviendo su cuerpo con lujuria y abriendo sus brazos con coquetería, como invitándolo al acto carnal. La persecución prosigue al son de la música que anima y enardece a los danzantes, hasta que el bailador, sin perder el compás, se adhiere como un parásito al cuerpo sudoroso de la negra, gozando en sus contactos los más intensos placeres sensuales.

Entonces todos bailan, cantan y tocan sus instrumentos rápidamente, ponen toda su alma libre en el baile, que resulta un símbolo pintoresco y danzan hasta que el sol, ocultándose en el poniente, recoge la última nota, melancólica y sensual, de la tumba africana.

Pero salvo estas horas de placer intenso y enervante, su vida no era feliz. El número enorme de cimarrones que anualmente rompían sus cadenas e iban a buscar en nuestros bosques el consuelo de sus intensos sufrimientos y la no escasa estadística de suicidas entre los esclavos, son la más exacta demostración de sus dolores y penalidades.

La fuga era el más castigado de todos los delitos del esclavo, porque como decía D. Cándido Gamboa, el típico personaje de Cecilia Valdés, *la esclavitud era el estado habitual del negro.*

Había grupos muy numerosos de esta raza, que con sumisión servil soportaban maltratos y abusos, pero algunos soberbios y orgullosos, al recibir un golpe injusto, aprovechando uno de los descansos del día, o el descuido de los vigilantes nocturnos, desaparecían de la dotación.

En seguida que se notaba su ausencia, se avisaba a la partida de rancheadores, los cuales guiados por perros feroces y adiestrados en la caza humana, perseguían tenazmente a los prófugos, cobrando, en el caso de llevarlo vivo o muerto, a sus amos, cierto derecho por cada esclavo preso.

Si la suerte los acompañaba y podían librarse de la persecución, en uno de los palenques del monte, se convertía entonces en cimarrón apalencado, y vivía fácilmente en su huerto con los demás de su raza que igualmente habían podido huir, hasta el instante poco común de que la partida de rancheadores diese con el ignorado Palenque.

Pero si por desgracia para él, era apresado, sufría primero las mordeduras de los perros de presa; y los golpes y latigazos de los rancheadores, que casi a rastras lo conducían a la presencia de su amo. Entonces el mayoral desahogaba sobre ellos su ira con malas palabras, patadas y bofetones hasta dejarles el cuerpo a carne viva, siendo conducidos a la enfermería, después de cortarle la nariz o la oreja, para constante comprobación de su escapatoria.

Los suicidios también eran comunes. En una estadística recogida por Fernando Ortiz (1) se nota que en la jurisdicción de la Habana, donde no se sentían tan horriblemente las injusticias de la esclavitud, y en una época, como la posterior a la paz del Zanjón, en que ya se habían dulcificado las prácticas de la trata, los suicidas en un período de siete años llegaron al número de 300.

El suicidio era la protesta sorda, del esclavo impotente, contra el absurdo régimen que lo hacía desgraciado. Se suicidaban por todos los procedimientos, rompiéndose la cabeza contra las paredes, colgándose de la rama de los árboles, degollándose con los machetes que usa-

_____

(1) Los Negros Esclavos.—Pág. 53.

ban para el corte de la caña, y lo que es más terrible aún, doblando la punta de la lengua hacia adentro y empujándose con los dedos la glotis sobre la tráquea, de manera que quede ésta cerrada y se produzca la asfixia, después de una agonía atroz.

El esclavo urbano se hallaba también expuesto, aunque no tan frecuentemente, a los mismos abusos que sufrían sus hermanos del campo, pero la vida doméstica era mucho más fácil y llevadera. El castigo que más temían, era el ser enviados a la dotación de los ingenios.

Sirviendo de encubridores y compañeros en rumbas y correrías, a sus amos jóvenes, con las propinas que éstos les entregaban podían reunir su peculio y obtener su libertad; pero generalmente, solo adquirían los vicios de sus dueños y ninguna de sus virtudes; y paraban en bandoleros y criminales a incitación de sus amos, que aprovechaban sus malos instintos para utilizarlos en la solución de sus asuntos personales.

Sus diversiones, si gozaban de la confianza del dueño, eran grandes. Con el dinero abundante que siempre tenían, podían ir a la bodega y hacer sus gastos, emborrachándose a menudo con sus Carabelas (1), formar camorras con los curros del manglar o virar cangrejos (2), en la bodega de San Nicolás y Esperanza, siendo generalmente absueltos por las influencias de sus amos, o correr con frecuencia aventuras amorosas y bailar en los bailes de la gente de su raza, pavoneándose arrogantemente con los deshechos de sus amos.

La mujer en la generalidad de los casos, trabajaba

_____

(1) Así se llamaban, según Ortiz, entre los negros que habían venido en un mismo barco, del Africa.

(2) Virar un cangrejo, era asesinar un hombre. (Ortiz.)

en el campo, tanto o más que los hombres, salvo si era manceba del dueño o mayoral; y en la ciudad, se prostituía fácilmente, hasta reunir su peculio y comprar su libertad.

Como puede fácilmente comprenderse, cualquier raza educada en un ambiente semejante al que hemos descrito, por muy perfectos caracteres psicológicos que atesorasen, era imposible que no adquiriese costumbres inmorales. De ahí, que esos métodos de la esclavitud, en ese sistema cruel de los cubanos de antaño, que endurecían el alma del blanco y pervertían el corazón del negro, es donde debemos buscar los orígenes de gran parte de nuestros actuales defectos.

Sin embargo, el negro en Cuba, después de conseguida la libertad, ha asimilado la cultura y civilización blanca, pudiendo asegurarse que gracias a la educación y al ejercicio de las virtudes cívicas, se ha convertido en factor poderoso en el desarrollo de Cuba.

No sólo psicológicamente, sino también desde el punto de vista étnico, el negro va siendo absorbido por la raza blanca, como lo demuestra la estadística que a continuación exponemos, tomada de los Censos de Cuba y de cálculos que se han verificado en distintas épocas:

| Año | Blancos % | Negros % |
|------|-----------|----------|
| 1532 | 37.5 | 62.5 |
| 1620 | 93.4 | 6.6 |
| 1775 | 56.2 | 43.8 |
| 1792 | 56.4 | 43.6 |
| 1811 | 45.5 | 54.5 |
| 1817 | 45.0 | 55.0 |
| 1827 | 44.2 | 55.8 |
| 1830 | 44.0 | 56.0 |
| 1941 | 41.5 | 58.5 |

| | | |
|---|---|---|
| 1846 | 47.4 | 52.6 |
| 1849 | 48.5 | 51.5 |
| 1855 | 47.5 | 52.2 |
| 1859 | 52.2 | 47.8 |
| 1860 | 51.6 | 48.4 |
| 1861 | 56.8 | 43.2 |
| 1872 | 55.4 | 44.6 |
| 1877 | 67.8 | 32.2 |
| 1887 | 67.6 | 32.4 |
| 1889 | 67.9 | 32.1 |
| 1907 | 70.3 | 29.7 |
| 1918 | 72.3 (a) | 27.2 (b) |

(a)  Comprende blancos y chinos.

(b)  Comprende negros y mestizos.

## IX

Sin ocuparnos de la introducción de indios yucatecos en Cuba en el siglo pasado, ya que rápidamente, dado su escaso número, se disolvieron en el ambiente criollo, y sin referirnos a otros pueblos que en tiempos más modernos, se han introducido en Cuba, como los jamaiquinos y haitianos, elementos no deseables en nuestra sociedad, nos queda tan solo por estudiar otra raza, la asiática, cuya influencia en la formación de nuestro carácter nacional ha sido más notable.

Los primeros chinos que vinieron a Cuba, contratados como colonos, fueron 600 en el año 1847, muchos de los cuales murieron a consecuencia del clima o se suicidaron, impulsados por las extrañas ideas supersticiosas de su raza; y desde esa fecha, diversos tratados han organizado la manera de introducir chinos en Cuba, cuyo número total hasta el año de 1880, fué de 132,000, pero descontando los muertos y suicidas, puede afirmarse, que la población china en Cuba, durante el siglo pasado, nunca fué mayor de 50,000.

La Sagra atinadamente, atribuye el aumento de la emigración china en la segunda mitad del siglo XIX, a la necesidad de brazos para el trabajo agrícola, dadas las dificultades primero y la supresión después, del tráfico de negros, pero en lo que no estamos conformes con él es en la defensa interesada que hace de la introducción de los colonos chinos (1).

Es cierto que su escaso número, el tiempo relativamente cercano en que fueron introducidos en Cuba, y sobre todo su exclusivismo, que les hace vivir casi sin relaciones sexuales con las otras razas, han sido las causas de que el elemento chino haya influído muy poco en la formación étnica del cubano, pero sin embargo, sus vicios han contribuído no poco al auge de los juegos en Cuba.

Por eso, sin subestimar las innegables virtudes del pueblo chino, ni tampoco su capacidad civilizadora, entendemos que esta inmigración no es favorable a nuestro desarrollo nacional y parece que tal ha sido la creencia de nuestros gobernantes, por las innumerables restricciones que han impedido la entrada de los asiáticos en Cuba.

El chino tiene un concepto de la vida, muy distinto a los pueblos de civilización occidental, y además, hay que reconocer que por lo general el emigrante no pertenece a la capa más preparada de la población, por lo que, sin dejar de reconocer los hábitos de trabajo y economía de este pueblo, y sin olvidar que los chinos

---

1(1) Historia Natural, Física y Política de la Isla de Cuba.—Suplemento. Pág. 41.

son en la actualidad un factor apreciable de nuestro comercio y que también contribuyeron con su esfuerzo a
la gesta libertadora cubana, estimamos que para no
crear un peligroso hibridismo racial y psicológico, deben
mantenerse las medidas restrictivas de inmigración, no
solo respecto a los pueblos asiáticos, sino también en
relación con los trabajadores antillanos, etc.

## X

De todos los tipos étnicos anteriormente estudiados, solo la raza blanca y la negra, han llegado a cruzarse en
Cuba, produciendo un nuevo tipo, el mestizo (1), cuyo
estudio ha dado objeto a numerosas y contradictorias
opiniones, en el campo de la Sociología. Cada cual, según sus métodos de observación y sus creencias científicas, expone ideas caprichosas en la mayoría de los
casos.

Según algunos, el mestizo posee menor capacidad re-
productora que sus razas originarias, olvidándose de que
el problema de la aclimatación y las condiciones difíciles de existencia en las colonias, en gran parte contribuyen a ese resultado. Otros afirman que el mestizo tiene una energía nula y un innato servilismo, no acordán-
dose de que la educación que generalmente se les ha
dado, se dirige siempre a la consecusión de ese fin. Y
unos terceros, para terminar, le endosan al mestizo una
inmoralidad originaria, que a nuestro entender sólo es
producto de las licencias y desórdenes peculiares de las
factorías y colonias.

---

(1) El resultado del cruce del chino con las otras razas cubanas
es relativamente poco frecuente.

No puede negarse que en el mestizo en la primera generación, luchan factores contradictorios, interiores y de ambiente, que se oponen a la determinación de un grupo étnico y psicológico; pero si esa indecisión originaria, que podía corregirse fácilmente por medio de la educación, se fomenta al contrario con las prácticas de los países colonizadores, no es de extrañar, ni es tampoco necesario atribuir dogmáticamente a la incapacidad originaria, el estudo deplorable de atraso en que se encuentran generalmente las razas mestizas.

Novicow critica con razón (1), la creencia absurda en la nobleza de ciertas razas, que aunque no claramente, parece ser un postulado sostenido por Le Bon, en sus "Leyes Psicológicas de la Evolución de la Sociedad". Ya hemos dicho anteriormente y no creemos inútil repetirlo aquí, que la grandeza o inferioridad de una raza, la producen las circunstancias históricas en que se desenvuelve, las cuales sin modificar esencialmente el carácter nacional, lo hacen actuar obedeciendo a impulsos determinados.

Todos los hombres tienen aptitudes intelectuales y afectivas, más o menos perfeccionadas, que sólo esperan un medio adecuado para desarrollarse, y a ningún pueblo pueden negársele condiciones para evolucionar en un ambiente social favorable.

Mezclar dos pueblos, es transformar su constitución física y mental y como es lógico que suceda, los caracteres así elaborados permanecen en su inicio flotantes y débiles, y solo mediante largas acumulaciones hereditarias, se solidifican y hacen duraderos.

*"Ese es el período crítico de la historia de los pueblos,*

---

(1) El Porvenir de la Raza Blanca.

"dice Le Bon, *un período de comienzo y de perturbación*
"*que han pasado todos los pueblos de Europa, porque no*
"*hay, uno de estos, que no haya sido formado por deriva-*
"*ciones de otro. Es un período lleno de luchas interiores*
"*y de vicisitudes, que dura hasta que los nuevos carac-*
"*teres psicológicos se fijan*" *(1).*

Todos los pueblos en la actualidad, y especialmente
los más civilizados, son el producto del cruzamiento de
tipos más o menos contradictorios y puede afirmarse sin
temor a equivocarse, que razas absolutamente puras no
se encuentran en ningún lugar de la tierra, por eso a
nuestro entender, nunca el mestizaje podrá ser obstáculo para el desenvolvimiento político y económico de un
pueblo, siempre que predominen los caracteres psicológicos y la influencia educadora de la raza más civilizada.

Carlos Octavio Bunge atribuye al mestizo como es-
tigma la inarmonía psicológica, la ausencia de sentido
moral y la absoluta falta de probidad. "*El mulato, dice,*
"*es impulsivo, falso, petulante, servil y carece general-*
"*mente de valor, es incapaz de lucha abierta y franca,*
"*poco prolífico, y no muy afecto al hogar y a la fa-*
"*milia.*"

El eminente sociólogo argentino, no especifica claramente si esos defectos son originarios o productos de la
educación, aunque más bien parece inclinarse errónea-
mente a lo primero. Bunge, para hacer esta disección del
carácter del mestizo, ha considerado a los habitantes
continentales de la América Española, entre los cuales
los elementos de color, indios y mestizos, han superado
siempre al elemento blanco, constituyendo el núcleo más

---

(1) **Leyes Psicológicas.**—Pág. 57.

importante de la población, y dando cierto carácter es-
pecífico a las nacientes democracias del Sur, que se ha
impreso tan profundamente en el tipo nacional, que la
Argentina, Brasil y Uruguay, para contrapesar el hibridismo de sus razas, han fomentado la emigración blanca, que llegará a absorber por medio de la educación y
de la convivencia social, esos defectos de situación.

Por eso dice exactamente Quatrefages, "que la Amé-
"rica es un gran laboratorio de experiencias sobre el
"cruce de razas; allí la reproducción es fácil y numero-
"sa y es preciso reconocer que el desarrollo de la raza
"mulata se ve favorecido, retrasado o impedido por cir-
"cunstancias locales, o en otros términos, que depende
"de las influencias ejercidas por el conjunto de las con-
"diciones de existencia" (1).

Lo que hay que conseguir en los países en que existe
el mestizaje, es el mejoramiento psicológico de esos tipos mezclados, dejando que se ejerza libremente la educación del ambiente social.

Pero también la sociedad puede ejercer su acción bienhechora sobre el mestizo. "Para conseguir la paz social
"en el seno del estado, para apaciguar el conflicto pe-
"renne entre las razas, no hay otro procedimiento que la
"justicia y la igualdad; es preciso poner un cubierto en
"el banquete de la naturaleza, para todo hombre que
"quiera trabajar" (2).

En Cuba, el mestizo lo es de blanco y negro. A su formación no ha contribuído el pueblo indígena, y ni tampoco la raza amarilla. Es tan sólo el producto de la unión
de dos razas, a las que los antropólogos, por el origen

---

(1) Bagehot: Leyes científicas etc.—Pág. 71.
(2) Novicow: Obra citada.—Pág. 176.

eurafricano de los españoles, reconocen gran facilidad para el cruzamiento, por lo que, en conclusión, creemos que no debe de ser considerado como un factor anti-social.

## XI

Todos estos factores que hemos bosquejado, el pueblo hispano, los antiguos negros, el elemento aborígen y la moderna emigración china y europea, han contribuído a la formación del carácter nacional en Hispano-América, al que todos los autores reconocen cierto número de ideas fundamentales y comunes que varían solo en las cualidades accesorias, según la proporción de las razas originarias.

Su estudio, como puede comprenderse por lo anteriormente escrito, se presta fácilmente al predominio de la pasión y de las ideas previamente concebidas, sobre el juicio sereno e imparcial del analista. El carácter español, ya es en sí, lo que los antropólogos califican un mosaico, y su unión a los otros grupos étnicos que en la América conviven aumenta la confusión en este estudio y casi imposibilita, la exacta determinación de ciertos caracteres comunes, que constituyen esas ideas fundamentales, que Le Bon considera indispensables para el desarrollo de un pueblo.

Sin embargo, el pasado siglo ha sido el gran período de experimentación en Hispano-América. La lucha entre los caracteres psicológicos de las diversas razas degeneradas por el sistema colonial, produjo ese caos de revoluciones que a primera vista dejan perplejo al observador, pero considerando atentamente el asunto, es la consecuencia lógica de factores atávicos, depurados sangrienta y paulatinamente y que facilitan la determinación de las ideas básicas del carácter hispano-americano.

Es indudable, como reconocen varios autores, que existe un americanismo latino, que trabaja en el silencio, que labora secretamente nuestra conciencia social. Es el americanismo doctrinario y optimista de los Rodó y los Darío, que inculcando a nuestro espíritu sus enseñanzas de maestros excelsos y sus originales ideas artísticas, se presentan como avanzada gloriosa del futuro desarrollo de nuestras nacionalidades.

Ese carácter nuevo, ese reverdecer del espíritu anárquico e indisciplinado eurafricano, unido a la arrogante altivez española, que de seguro atenuarán la infantil superstición innata del negro, y la pereza fatalista del indígena, ha dirigido desde los años de la independencia la evolución política hispano-americana, depurando con la experiencia decisiva de los hechos históricos, el lastre que nos agobia de tres siglos de inmoralidad y de perversión, causa de nuestros vicios, por el ambiente corruptor de toda colonia.

César Zumeta es el primero, que después del ciclo horrible cual una visión dantesca, de los movimientos revolucionarios hispano-americanos, estudia en su libro "El Continente Enfermo", el carácter morboso de Hispano-América, vislumbrando en el imperialismo del Norte, la causa que producirá la unión de estas naciones actualmente disperas.

Francisco Bulnes, en tonos tétricamente pesimistas, nos presenta una América enferma crónica del mal del clima, y exagerando las doctrinas que ya citamos de Mostesquieu, anuncia para los países tropicales, un porvenir de sumisión y vasallaje.

Domingo Faustino-Sarmiento, el atinado psicólogo de "Civilización y Barbarie", desenvuelve en su obra los "Conflictos y Armonías de las Razas en América", su ideal de un americanismo latino, pragmático y utilitarista.

La colonización española, las ideas retrógradas de los conquistadores, las luchas políticas creadas por los conflictos psicológicos del mestizaje; en una palabra, la inferioridad de la raza española y su incapacidad para elevar el nivel moral de los indígenas, es para él la causa inicial de todos los males hispano-americanos. "Es in-"dudable, dice José Ingenieros, que en su extraordinaria "simpatía por las costumbres y las instituciones norte-'americanas, tuvo grande influencia Tocqueville; y que "no fué menor la de Buckle, sobre su juicio acerca de la "absoluta inferioridad de todo lo español, que fué una "de sus ideas más firmes, rara vez mitigada por tibios "elogios, de mera cortesía o conveniencia accidental" (1).

España, para Sarmiento no civilizó a la América, pues ni siquiera acertó a explotar medianamente la rica mina que monopolizaba, y el coraje indisciplinado y antisocial, y la pereza inerte y majestuosa, los dos defectos que corroen el alma del criollo, son para él herencias atávicas del carácter español.

Pero eso, con la inmigración europea, que depura psicológicamente el mestizo; con la educación pública, que eleva su nivel moral y sobre todo, con la asimilación completa de las ideas yanquis, ve el genio equivocado

---

(1) Las Razas en América y las Ideas de Sarmiento.—Cuba Contemporánea. Enero de 1916.

de Sarmiento, la solución de nuestros errores y vicios de origen hispanos.

José Enrique Rodó, en la prosa vibrante de "Ariel" y 'Motivos de Proteo", compendió las máximas evangélicas del progreso hispano-americano, reaccionando con su optimismo constructivo, contra el agotamiento pesimista de nuestra raza en formación. Ariel es, a la vez, un himno a la inteligencia, a la educación del espíritu, y un consejo paternal dirigido a la juventud. Es necesario, dice, desarrollar completamente la personalidad, formarse un carácter, pero dejando siempre el inviolado rincón interior solo para soñar; no copiando modelos más o menos perfectos, sino dejando que el genio individual y colectivo, evolucione siempre libremente. Su complemento es "Motivos de Proteo", cuya máxima inicial "Reformarse es Vivir", sintetiza el perpetuo devenir espiritual de la inteligencia, impulsada por el aliento sobrehumano que infunde a la más débil criatura, la voluntad del viejo indiferente e inmutable como la pampa de granito.

Manuel Ugarte, en su libro "El porvenir de la América Latina", escrito con la serenidad del sociólogo y el ardor del poeta, opone su fé de apóstol convencido a los vaticinios tétricos de Bulnes, y considerando el desarrollo sorprendente aunque esperado del imperialismo norteamericano, que se infiltra poco a poco en la médula de nuestras sociedades, acaricia el olvidado sueño de Bolívar y forma en su espíritu exquisito la hermosa imagen de una ideal y fuerte nación hispano-americana.

William Shepherd, en su obra la "América Latina", escrita para dar a conocer en el Norte a las nacientes civilizaciones del Sur, después de estudiar con criterio desapasionado el desenvolvimiento histórico de Hispano-

América, y de atribuir nuestros errores capitales a la falta de experiencia política y a la educación del régimen colonial español, despreciador constante de los métodos legales, afirma que con la emigración blanca y el capital extranjero, se iniciará de seguro el movimiento progresivo de Hispano-América, y describe brillantemente, en escasas pinceladas, al latino-americano "como "una criatura de ensueños, víctima de la negligencia, y "que poseyendo al mismo tiempo todas las condiciones "esenciales a un escritor o a un músico carece de inicia- "tiva; pues si el norte-americano busca el camino más "breve para un fin determinado, el latino atiende al más "agradable".

James Bryce, en su obra intitulada "South América", considera minuciosamente y con profusión de detalles, las condiciones de habitabilidad y progreso de las Repúblicas de la América Latina y los distintos problemas derivados de la preponderancia sajona y la apertura del Canal de Panamá.

Rufino Blanco Fombona, en su "Evolución Política y Social de Hispano-América", resume el desenvolvimiento durante el siglo XIX, de nuestras repúblicas, y en el pequeño marco de una conferencia nos ofrece el estudio más acabado de nuestras frecuentes guerras civiles.

La violencia característica de nuestra sociedad, es para él una herencia del carácter español, exacerbada por la conquista y el sistema de colonización. Con ella el mestizaje, (que debía ser absorbido rápidamente por la emigración caucásica); la poca densidad de población y la escasez de las comunicaciones, que facilitan la supervivencia del espíritu regionalista; la falta de libertad en gran parte de los períodos de nuestra historia, que obligando a la sociedad a pensar conforme a los caprichos del brazo director, contribuye al aumento de la ignorancia y a la explosión terrible de los odios acumulados; y finalmente, el atraso general del pueblo, que le impide concebir una exacta noción de sus deberes de ciudadano, y que hace que confunda generalmente a las personas con los ideales; son en resumen, dice atinadamente el autor, las causas de los trastornos civiles y políticos en la América.

Oliveira Lima, eminente historiador, cree y sostiene que con la fuerza que da el espíritu de solidaridad hispano-americana, se neutralizaría la amenazante hegemonía yanqui.

Francisco García Calderón en *"Las Democracias Latinas de América"*, afirma que la historia entre nosotros se reduce a la biografía de los hombres representativos, concentrándose a menudo el espíritu nacional, en los caudillos, especie de jefes absolutos. Considera la labor de Páez y Guzmán Blanco en Venezuela, del General Castilla, Manuel Prado y Piérola en el Perú; de Santa Cruz en Bolivia; Lavalleja y Rivera en Uruguay, y Rivadavia, Quiroga y Rosas en la Argentina. El estado de Chile *"una república de tipo sajón"*, organizada por el genio constructivo de Portales. El desarrollo del Brasil bajo el gobierno de Pedro II, que califica de *"Mario Aurelio del otro mar"*. La dictadura perpetua de los Francia y López en Paraguay. La anarquía política de Colombia, caracterizada por las luchas de conservadores y radicales. Las agitaciones convulsivas del Ecuador, y el tinte religioso de la tiranía de García Moreno. Las dictaduras revolucionarias de México; el constante desorden de la América Central, Santo Domingo y Haití; y el caso especial de Cuba, que califica de experiencia política en el latinismo americano.

Reduce a tres los problemas de la América: el de la unidad, exigida por la identidad moral del continente; el de la raza, cuya tendencia a renovar el tipo primitivo, debe ser detenida con la inmigración europea; y la necesidad de ideales activos que orienten nuestra vida política; concluyendo con la afirmación optimista, de que la América hará perdurar la civilización latina.

Y Carlos Octavio Bunge, después de considerar los antecedentes psicológicos y étnicos del hispano-americano, estudia en su magnífica obra, *"Nuestra América"*, los más arduos problemas de la Sociología tropical; y mostrándonos con entereza nuestros defectos, concluye la necesidad imprescindible de la renovación de nuestros valores espirituales.

Tres aspectos son para él fundamentales en el carácter hispano-americano: la pereza, la tristeza y la arrogancia.

La pereza criolla, que consiste en una absoluta falta de actividad, material y espiritual, es para él la característica básica de nuestros pueblos, pues se presenta en todos los aspectos de su desenvolvimiento. La encuentra en la juventud exenta de ideales, en la política caracterizada por el caciquismo, en la administración judicial, voluble y sin conciencia; en la pobreza psicológica de los ricos, y en la poca dedicación a los trabajos comerciales, abandonados generalmente a los extranjeros.

Donde se nota más completamente la pereza hispanoamericana, es en la Literatura. *"Los géneros que exigen "un esfuerzo serio, muy poco se cultivan. Excepto unas "cuantas obras muy señaladas, solo se escriben cronicones que pasan por historias y "pasajes", que presumen de sociologías. Nuestros escritores, de frondosidad*

"tropical, poseen lo que Boileau llama "la estéril fecun-
"didad de los malos escritores" (1).

La tristeza, es la herencia del pueblo aborígen; y desa-
rrollada por el ambiente colonial, ha pasado hasta nosotros bajo la forma de la melancolía resignada e inerte
de los esclavos.

Y la arrogancia, que se caracteriza por el desprecio
a la ley, especialmente la penal; por la difamación y
la maledicencia con todo aquello que nos supera, por
la egolatría, que en la literatura hace imposible la sana
crítica "porque como cada poetastro se considera un
"Goethe, cada mentecato un Flaubert, cada cagatinta de
"periódico un Menéndez y Pelayo, se ofenden y cobran
"mortal ojeriza, al osado que no reconozca su inmenso
"talento" (2). Por la admiración entusiasta y la imitación
servil a los hechos de los grandes generales, principalmente Napoleón; por el exhibicionismo y también por el
culto exagerado y morboso al valor personal.

Después de leer todas estas opiniones, la mayor parte optimistas, se puede comprender en líneas generales
las ideas acerca del carácter psicológico y del porvenir
de la América Latina, que tan íntimamente enlazados
se encuentra con nuestros destinos futuros. Ciertamente
se deduce, que a pesar de los defectos numerosos que
se observan en nuestra organización, y aunque el pasado siglo haya servido a algunos como prueba de la
incapacidad de nuestros pueblos para gobernarse, no
podemos dejar de reconocer, que en la América la evolución se dirige hacia el progreso. Los pueblos que han
aplicado la máxima de que, gobernar es poblar, asimi-

---

(1)  Obra citada.—Pág. 177.
(2)  Obra citada.—Pág. 191.

lando en primer término y educando y seleccionando después, no sólo en el orden intelectual, sino también en el político y económico, nada tienen que envidiar a la nación del Norte, y nuestra población se vigoriza constantemente, con la raza blanca que nos es afin, modificándose con la enseñanza del ejemplo, la condición social de las otras razas.

El movimiento de renovación que se opera en la América, en busca de la forma en que vaciar su estilo, y la convulsión peculiar de las nacientes civilizaciones, en que factores opuestos chocan y se neutralizan, pero siguen luchando a pesar de todo animados por el genio del progreso, nos hacen pensar, sin que pueda acusársenos de visionarios, que la América Española, heredera espiritual de la vieja civilización Greco-Latina, saturados sus poros por el ambiente vivificante y fértil de los trópicos, hará posible con el cultivo de sus cualidades y el encauzamiento de sus defectos, la aparición del nuevo tipo de civilización, del superhombre, no el soñado por Nietszche, pero sí el elaborado por Rodó.

## XII

El cubano tiene muchas de las características que hemos estudiado anteriormente. En lo fundamental se demuestra su procedencia española y eurafricana, y el medio ha modificado poco estos aspectos básicos de la raza. Tan solo la influencia decisiva de los factores sociológicos e históricos, han atenuado, merced a la evolución de cuatro siglos de régimen colonial, ciertas virtudes psicológicas originarias.

Las características euroafricanas, que hemos expuesto, son las que dominan en toda nuestra evolución política, al igual que en los demás países hispanos de la América; y la indisciplina, con todas sus virtudes y defectos, se presenta como fenómeno característico desde el inicio de la conquista española.

Sin embargo, la historia, como hemos dicho, ha facilitado en nuestra evolución, la supervivencia de esos factores étnicos y psicológicos, que han hecho afirmar con razón a muchos autores, que Cuba es la más española (eurafricana, diríamos nosotros), de todas las repúblicas latinas de la América.

En un artículo de la prensa mexicana publicada en los últimos años del pasado siglo, y citado por Mario Guiral Moreno, en un trabajo inserto en la "Revista Cuba Contemporánea" (1), se afirma exactamente, que ninguno de los pueblos de la América Española, ha conseguido su independencia en condiciones más favorables que el nuestro.

Puede afirmarse, que las tres causas más importantes de los trastornos políticos en la América Latina; la religión, el mestizo de indio y el regionalismo, no se presentan en nuestra evolución histórica.

Nuestro pueblo da poca importancia a los problemas religiosos. Es cierto que no somos ateos, pero sí indiferentes en materia de religión, y esto fácilmente induce a pensar, que ese factor que para Sergi es una de las causas más importantes de la decadencia de las naciones latinas; y que en México, Ecuador y Paraguay, ha influído poderosamente en movimientos reaccionarios, y agitaciones políticas, difícilmente llegará a crear en Cuba ideas y acciones colectivas de este carácter.

_____

(1) Agosto de 1914.

El indio, como hemos visto, fué rápidamente destruído por la raza conquistadora, y el negro no puede constituir problema en Cuba dada su completa asimilación con las costumbres de los blancos. Y además la pequeñez de nuestra Isla, la facilidad de las comunicaciones de uno a otro de sus extremos y la no existencia de grandes cordilleras, que favorecen el desarrollo del regionalismo, hacen comprender que el problema unitario y federal, que desangró a Centro-América, México y principalmente a la Argentina, es poco apreciable en nuestra República.

Por todo eso, dice con razón Márquez Sterling, aplicando a nuestro pueblo, las doctrinas de Carlos Octavio Bunge sobre el carácter criollo, que el cubano es más arrogante que perezoso y que nuestra tristeza es más bien la alegría triste, del cante jondo característico del flamenquismo español y de las soleares y seguidillas andaluzas, que el fatalismo tétrico y la tristeza que se adentra en el alma, del gaucho y el llanero. *"La parte "que tenemos de españoles, agrega, el mismo autor se nos "conoce por nuestros defectos. Somos exclusivistas, vio- "lentos, imprevisores y egoístas. Creemos ser todo aque- "llo que no somos; queremos resolver las cuestiones que "corresponden al pensamiento, por medio del valor per- "sonal y la coacción; jamás miramos hacia el porvenir, "preocupados siempre por el problema diario; y ni un "solo cubano de altura, como se dice, medita los compro- "misos por todo hombre civilizado contraídos, con ese "mañana que envuelve en los pueblos sanos y conscien- "tes, una alegre sonrisa de esperanza, indiferente al tra- "zo que de la realidad a la tumba marca el tiempo"* (1).

---

(1) Alrededor de Nuestra Psicología.—Págs. 190 a 223.

Físicamente, el cubano, como nota Ramiro Guerra, *"ha "perdido en robustez lo que ha ganado en flexibilidad. "Sobrio y resistente como su antepasado peninsular, es 'menos recio y fornido que el español"* (1). De estatura el cubano es un poco inferior que el común de las razas europeas y su característica más general, son las manos finas y las pies pequeños, y el color oliva-mate, más o menos oscuro, según los individuos.

Se distinguen por una rápida penetración y perspicaz inteligencia. De memoria repentista, somos muy poco dados a las generalizaciones, ni tampoco a profundizar los asuntos, pues nuestros pensamientos son superficiales y tienden más al análisis que a la síntesis. *"En "Cuba solo se han producido dos o tres aprendices de "filósofos y los matemáticos son aún mucho menos nu- "merosos, y al contrario hemos tenido cirujanos y juris- "consultos experimentados"* (2), y entre nosotros abundan las memorias fáciles y las inteligencias relampagueantes, pero escasean los entendimientos profundos.

El exceso de una imaginación de brillante colorido, es característica del cubano, de ahí que la poesía, la música y la oratoria, tengan entre nosotros notables y numerosos cultivadores; y en el fondo de cada cubano hay un poeta, pues nuestra ambiente de perpetua hermosura, es motivo constante de inspiración, hasta para las imaginaciones menos cultivadas.

El desinterés, es la nota primordial de nuestro carácter, aunque parece muy atenuado en estos tiempos de egoismos e inmoralidades administrativas; pero sin embargo, la llaneza y la hospitalidad proverbial de nues-

(1) Historia de Cuba.—Tomo I. Pág. 65.
(2) Francisco Figueras: Cuba y su Evolución Colonial.—Págs. 193 a 209.

tros guajiros, y la facilidad con que mutuamente se prestan servicios nuestros trabajadores, como puede fácilmente notarse entre los albañiles y guajiros, que cuando tienen algo que edificar acuden a sus compañeros, que le sirven con gusto y alegría, nos hacen reconocer que todavía nuestro corazón tiene un fondo grande de desinterés y amor al prójimo.

Nuestra libertad degenera en la disipación. Somos bastante moderados en los placeres de la mesa, no muy aficionados a las bebidas alcohólicas y excesivamente frugales, aunque no hay que dejar de reconocer que la sensualidad, el amor a la carne, domina todos nuestros sentidos.

En resumen, el carácter fuerte y altivo del ibero, se ha hecho más sensible en el criollo. En nosotros predominan más las emociones momentáneas que los conceptos que negamos con la misma obstinación y terquedad hispanas. El pensamiento en el cubano es más bien incoherente, indeterminado, pero tiende con la consolidación de la nacionalidad, a estabilizarse, a convertirse en firme y poderoso, pero en lo fundamental tenemos los defectos y las virtudes del español, sin su intransigencia religiosa y con una idea más amplia del progreso y la civilización.

Esa incoherencia en el carácter, esa debilidad espiritual que para algunos es congénita al criollo, obedece más bien, junto con las causas del ambiente, a lo indeterminado del pensamiento de la época. El mundo, indiscutiblemente ha sufrido en el pasado siglo, sacudidas terribles, ha modificado esencialmente el concepto moral y material de la vida, y por eso es lógico que el espíritu en formación del cubano y de todos los hispano-americanos, manifieste esa volubilidad, esa continua contradicción, que a nuestro entender no es otra cosa que los pasos vacilantes del que comienza a desarrollar sus actividades, chocando su sencillez y agresividad con el estrecho y pervertido concepto de la civilización, que marcha a pasos agigantados hacia la decadencia.

Por eso, como dice Guillermo Ferrero: *"Es preciso tratar "de salir de la confusión intelectual y moral en que es- "tábamos sumidos, cuando estalló la guerra, y para salir "de ella será menester también un grave esfuerzo inte- "lectual, cuyas direcciones parecen indicadas por los "análisis mismos de esa confusión. Trátase de impulsar "a las generaciones futuras, algo menos hacia el ideal "de poderío, y algo más hacia el ideal de perfección; "trátase de encaminar a los espíritus a que de nuevo se "afiancen, a las ideas claras y a la sencillez del senti- "miento; trátase de familiarizar de nuevo a los hombres, "en un mundo ya tan vasto, en una civilización ya tan "poderosa, con las ideas de los infranqueables límites "de la verdad, de la belleza, de la virtud, de la razón, "del poderío que los hombres comprendían tan fácilmen- "te en las épocas en que eran más débiles e ignorantes; "trátase a ese fin de dar con los sabios, los artistas, los "escritores, los filósofos, que tengan no solo la inteligen- "cia, sino la fuerza moral necesaria para llevar a cabo "esta empresa"* (1).

---

(1) El Genio Latino y el Mundo Moderno.—Pág. 328.

## XIII

El carácter cubano, es el producto de una evolución en la que han intervenido todos los factores que hemos citado anteriormente; por lo tanto, su estudio a nuestro entender debe comprender tres aspectos.

*Primero:* La determinación de las características heredadas de las razas que han contribuído a formar psicológica y antropológicamente al criollo cubano; es decir, las ideas fundamentales de nuestra personalidad, los principios básicos que han dirigido siempre nuestra vida social, y permanecen invariables en su esencia, a pesar del ambiente y de las circunstancias históricas, pues esas características que se encuentran en lo íntimo de cada raza determinan su personalidad espiritual, y la distinguen del modo de pensar y sentir de otros pueblos.

*Segundo:* La influencia de la evolución histórica en el desarrollo o la atenuación de los aspectos secundarios de nuestras características psicológicas.

Y *tercero:* El estado actual de atomización e inercia en que se encuentra nuestro carácter nacional.

La indisciplina eurafricana es la característica fundamental del criollo cubano; y siempre, el predominio del individuo sobre la sociedad ha sido el fenómeno típico de nuestra evolución histórica.

La Guerra de los Diez Años, por ejemplo, a pesar de ser un movimiento colectivo inspirado en los más altos principios de desinterés y patriotismo, cayó en el Pacto del Zanjón, a causa de la indisciplina, que manifestándose por vez primera en Donato Mármol, desobedecien-

do a la autoridad de Carlos Manuel de Céspedes, y en
Agramonte insultando al Presidente de la República en
armas, vino a adquirir su más completo desarrollo en
el vergonzoso suceso de las Lagunas de Varona y la in-
surrección de los regimientos orientales (1).

Nuestra sociedad es eurafricana en sus impulsos prin-
cipales, y necesita al igual que todas las de este origen,
la dirección de una fuerte y poderosa voluntad individual. Esto se demostro plenamente en nuestra última Guerra de Independencia, en que el carácter inflexible de
Máximo Gómez, dió unidad al movimiento e impulso director a caracteres indisciplinados.

Para Enrique José Varona, no andan muy remotas las
causas de la indiscipina de la vida política cubana:
"nuestra organización social dice, descansaba hasta ayer
"en la comprensión férrea de la gran masa de la pobla-
"ción, por los pocos que estaban encima. El esfuerzo gi-
"gantesco del pueblo cubano, para derrotar ese sistema,
"no pudo llevarse a cabo, sin sacudidas tremendas que
"han dejado sembrado el camino de ruinas. La autori-
"dad pública y hasta la privada, fueron durante tantos
"y tantos años instrumentos permanentes de opresión,
"que la tendencia natural en los que se sentían libres de
'su peso era sacudirse de todo su yugo y creer que la
"libertad civil y la libertad política, significa ausencia
"completa de sujeción y límites. Aquí, como en todas

---

(1) Pueden presentarse numerosos ejemplos de sacrificio y desinterés en nuestra historia; pero hasta en esto se manifiestan nuestras
características eurafricanas, pues el olvido injusto ha proscripto de
nuestro calendario patriótico a figuras como Francisco Vicente Agui-
lera y Bartolomé Masó, arquetipos del patriotismo cubano, de positiva
grandeza moral, dignos de verdadera imitación en esta época de crisis
nacional.

*"partes, el espíritu de despotismo ha conducido natural-*
*"mente al espíritu de anarquía"* (1).

El ilustre filósofo, a nuestro humilde entender, peca de un error causado por la observación limitada del asunto. La indisciplina del criollo tiene causas remotas, muy remotas, como se habrá podido comprender en los capítulos anteriores, aunque con esta afirmación, como explicaremos después, no dejamos de atribuir al sistema colonial español, la trasmutación, puede decirse así, del individualismo indisciplinado de todos los pueblos de origen eurafricano, en la anarquía desmoralizadora, la atomización egoísta, que caracterizan actualmente a nuestra nacionalidad.

No creemos nosotros, que esa indisciplina originaria sea opuesta al progreso y al desarrollo de la nacionalidad cubana. Es claro que no decimos esto, de la indisciplina actual, que dado el período de formación, o mejor dicho, de acoplamiento a los nuevos métodos de nuestra vida independiente, ha degenerado en un verdadero libertinaje político y social. La indisciplina así considerada no es nada más que un producto morboso de errores del pasado, unidos a lo anómalo de la situación actual.

Nos referimos a la indisciplina característica de los eurafricanos, al predominio del impulso y del entusiasmo individual, que siempre ha caracterizado a las naciones de origen latino; en una palabra, a la indisciplina del pueblo romano, que no les impidió realizar la conquista del mundo, cuando encontraron en César y los Escipiones, voluntades poderosas capaces de dirigirlos; y a la indisciplina de los españoles que en la Edad Me-

---

(1) Nuestra Indisciplina.—Cuba Contemporánea. Enero de 1914. Páginas 12 y 13.

dia les permitió establecer las instituciones más liberales de la época, y realizar la unidad nacional; y que con el Dos de Mayo demostró que nunca desaparecen las virtudes fundamentales de un pueblo.

En definitiva, eso es la indisciplina, un exceso de vida, de actividad individual, que rectamente dirigida y dedicada a aspectos creadores de civilización, en vez de ser un elemento opuesto al progreso y al desarrollo de un pueblo, se convierte a nuestro entender en el más firme sostén de su libertad e independencia, como está demostrado por el ejemplo de innumerables hechos históricos.

La indisciplina es la causa, como ya dijimos, de la arrogancia y el exceso de patriotismo español, que tanto se notan en nuestra psicología social. Nuestro carácter independiente y voluble es también una degeneración de esa exaltación individualista; y el culto exagerado al valor personal, el instinto de lucha, que nos domina hasta en la más mesurada controversia, el deseo inmoderado de tener siempre razón y de endiosar nuestra personalidad intelectual, nuestra honradez y moralidad, las pasiones impulsivas y momentáneas que ciegan nuestra inteligencia y agotan nuestra voluntad, el excepticismo y la suficiencia estúpida que se nota hasta en nuestros jóvenes imberbes, la anarquía de todas las esferas de nuestra vida política, social, administrativa, etc., no son en la práctica sino aspectos de ese individualismo eurafricano, convertido en morboso por causas de orden histórico y sociológico.

El cubano es valiente hasta la exageración, y fuerte y decidido por las luchas militares que le entusiasman. Las virtudes guerreras de la raza, no se han perdido en los trópicos, pero cívicamente, como el español, carece por completo de valor. Por indiferencia o cobardía moral, rehuye las responsabilidades y deberes ciudadanos, y el primordial de todos ellos, el voto, es bien sabido que menos de la mitad de nuestra población electoral, ejercita sus derechos.

El personalismo, es el resultado de las dos características anteriores.

Individualmente, se manifiesta como un aspecto de la indisciplina, por el deseo inmoderado, de representar algún papel importante en la comedia humana, y en nuestra sociedad abunda el tipo del eterno descontento que considera *"errores todas las opiniones, malas todas "las doctrinas, ignorantes todos los hombres, deficientes "todos los principios, e inferiores en fin todas las co-"sas (1).*

En un campo superior, en la sociedad, el personalismo se presenta como aspecto de la ausencia de valor cívico. En la política, por citar un solo ejemplo, la institución casi nacional del cacique, y el gráfico carnerismo de las masas, son la demostración de esa característica, que puede también considerarse como la indisciplina organizada por una mano fuerte.

Estas características contradictorias, la exaltación individual y el sometimiento colectivo, no deben de ninguna manera extrañarnos, pues son una prueba más del predominio psicológico del español en la formación de nuestro carácter nacional. A nuestro pueblo se le puede aplicar por completo, lo siguiente, que escribe Eugenio Sellés, sobre el español: *"La masa nacional, está mal "cocida, pues es arrebatada por unos lados y blanducha*

_____

(1) Rafael Fernández de Castro: "Discursos".—Pág. 238.

"por otros. *Aquéjanos una enfermedad nativa y no es*
"*solo nuestra, es de la raza latina, lo que se puede lla-*
"*mar el meridionalismo*".

"*El entusiasmo pronto y el cansancio fácil, el pasar*
"*rapidísimo desde la adoración al olvido y desde el be-*
"*so a la injuria, el juzgar a tenazón, el hablar sin ha-*
"*cer, el descuido del porvenir y las precauciones a des-*
"*tiempo; el interés por lo pequeño y la indiferencia en*
"*lo interesante; todo esto es el meridionalismo, fiebre*
"*agarrada en la sangre española. No hay manera de to-*
"*mar el pulso a esa opinión movediza, que distribuye*
"*a los hombres perfecciones y defectos según el viento*
"*reinante, y sentencia con una frase, pleitos que requie-*
"*ren una larga tramitación.. La masa se arrebata en una*
"*hora de calor y quiere derrumbar revolucionariamente,*
"*instituciones y gobiernos por cualquier futilidad; o se*
"*enfría y ablanda y sufre pacientemente, agravios hon-*
"*dos y atropellos largos. El pueblo español, nunca está*
"*sentado serenamente, o tendido a la oriental, o dando*
"*saltos acróbatas tan descompasados, que suele pegar*
"*con el cráneo en el techo. Y así no se crían gobernan-*
"*tes buenos, ni se enderezan a los malos*."

"*Cuando cae en uno de esos colapsos, que aquí du-*
'*ran siglos, el pueblo parece resignado hasta la manse-*
'*dumbre y manso hasta la cobardía*" (1).

La impresionabilidad se halla también muy relacionada con esos aspectos del carácter cubano. Nuestro genio voluble y anárquico, nos obliga a que arrastrados por
el entusiasmo, actuemos siempre en oposición con los
principios que nos guiaron ayer, sin perjuicio de volver

_____

(1) La Política de Capa y Espada.—Pág. XXXIX.

mañana a ellos imperando en definitiva sobre la razón la impresión del momento por eso cualquier moda ex-travagante, cualquier espectáculo nuevo, se gana en seguida a nuestro público.

La informalidad es costumbre criolla, hecha ley. Siempre llegamos tarde a todas las citas, no por pereza, sino por una especie de inercia activa que es muy difícil de calificar.

Si alguien nos espera a las cuatro, por ejemplo, aunque no tengamos nada que hacer, hasta las cuatro y cuarto no nos metemos en el baño, y entonces con rapidez extraordinaria, excesivamente contentos por la premura, nos lavamos y vestimos, salimos a la calle, tomamos un Ford, y llegamos retrazados, pero con placer intenso de descansar hasta perder la personalidad primero, de agitarnos violenta y nerviosamente después, llegando siempre a tiempo para la cita, porque al otro individuo le ha pasado exactamente lo mismo.

La imprevisión y la impaciencia, la oposición sistemática al gobierno que conducen al desequilibrrio completo de la vida, porque convierten al hombre en juguete de irreflexiones peligrosas o en víctimas de irreparables desastres, son consecuencias directas de nuestra indisciplina originaria. Y al español, pero principalmente al andaluz, debemos nuestra imaginación poderosa, llena de malicia y fantasía, que obligándonos a ampliar los sucesos para hacerlos más artísticos, nos aleja siempre de la verdad, la oratoria ampulosa característica de nuestros oradores, la facilidad extraordinaria con que hablamos y gesticulamos desde la tribuna, y la cortesía algo atrevida con las mujeres.

El negro ha contribuído también, a la modificación de nuestras características fundamentales de origen blanco, y ha dejado en los aspectos secundarios de nuestra personalidad, tintes extraordinarios de su influencia psicológica.

Los escritores en Cuba solo se han ocupado del negro, como factor económico indispensable, para la riqueza y adelanto del país, como causa de las polémicas ardientes, entre los esclavistas y los enemigos de la Trata, como elemento utilizable en nuestra Literatura, produciéndono tipos, como el arrogante y esforzado Daniel de los "Misterios de la Habana", la inmoral intuitiva Cecilia, de la novela de Cirilo Villaverde, y el noble romántico Sab, protagonista de la obrita de la Avellaneda; pero sin embargo, ninguno hasta Fernando Ortiz, hizo un estudio más completo y detallado de su influencia en nuestro carácter nacional.

Al negro deben atribuirse, la excesiva vanidad del criollo, y su extrema susceptibilidad, que exacerbada por la arrogancia y altivez hispanas, le convierten en un pavo-real agresivo. La novelería, que le hace admirar y aceptar como niño-grande, todo lo que no conoce. La superstición y el temor pueril, ante el peligro desconocido. La extraordinaria facilidad para la música, y el sensualismo con un poco de brutal y un mucho de delicado, que nos caracteriza.

La brujería y el ñañiguismo, son también supervivencias en Cuba de las costumbres fetichistas e inmorales de los negros africanos "pero por suerte, cada día estas "demostraciones del alma negra, van perdiendo su co-"lor típico, se hacen más o menos grises por el contacto "permanente del alma blanca y muchas veces han desa-"parecido por completo" (1).

---

(1) Fernando Ortiz: Entre Cubanos.—Pág. 153.

## XIV

La colonia ha contribuído no poco a la perversión de esas características originarias y a la formación de vicios y degeneraciones en nuestro carácter nacional.

*"Este pueblo, dice Fernández de Castro, ha tenido en "su seno los dos vicios más funestos que registra la His- "toria: la esclavitud y el despotismo militar. Hemos te- "nido y nos hemos formado entre esclavos y siervos. En "la casa, el esclavo sometido a condición abyecta, ha 'determinado con su ejemplo o con el espectáculo de su "humilde condición, nuestras sinceras influencias priva- "das; en la calle el salva-guardia; el Capitán de Partido "o el Teniente Gobernador, manifestaciones de un mi- "litarismo despótico, causaron en nuestro ánimo las pri- "meras manifestaciones de la autoridad y de los pode- "res públicos. Como planta que nace y crece entre ro- "cas, junto a un inmundo pantano, el espíritu popular "ha nacido y se ha desenvuelto aquí entre dos opresio- "nes: una moral en medio de la familia; y otra material y "política en medio de la sociedad. El látigo sobre las "espaldas del negro, el sable y el fusil sobre la cabeza "del blanco. El castigo al supuesto rebelde adentro; la "muerte al supuesto traidor, afuera"* (1).

De ahí que nuestra desmoralización sea el resultado del régimen colonial; pues aunque es cierto que el agregado social, como ya hemos expuesto, no extirpa nunca los caracteres originarios de los individuos, está comprobado por el ejemplo histórico, que favorece de-

---

(1) "Discursos".—Pág. 237.

terminadas tendencias y contraría el desarrollo de otras y el carácter español, no pudo en nuestro ambiente colonial, desarrollar sus virtudes originarias.

España descuidó completamente la educación de sus colonias, basando su sistema colonizador en la explotación.

Refiriéndonos especialmente a nuestra Isla, puede afirmarse que el pueblo cubano, casi hasta el siglo XX no disfrutó ni de libertad, ni de instrucción. Comercialmente, el monopolio; políticamente, la tiranía y el despotismo; socialmente, la esclavitud; y en los asuntos de la administración pública, los fraudes y desfalcos, eran los únicos ejemplos que recibía el criollo en nuestro ambiente colonial; y la educación, medio adecuado para contrarestar las malas influencias sociales, estaba tan abandonada, que a fines del siglo XVIII en la Habana, ya con 50,000 habitantes, no había más de 500 niños que recibiesen permanentemente la instrucción.

La Universidad, con sus planes basados en la Teología, y su organización exclusivista, no podía realizar su poderosa función social, y por eso solo cuando en el pasado siglo, la Sociedad Económica y los elementos ilustrados del país, a pesar de la oposición gubernamental, que veía en ello la causa de los movimientos revolucionarios, dedicaron todas sus energías a la educación del pueblo y a la reforma de nuestros anacrónicos métodos de enseñanza, se extendió la educación, aunque no completamente, a ciertas esferas sociales.

Y si a esto se agrega que muchas veces el poder gubernamental favorecía con su ejemplo, o con la indiferencia pasiva, el desarrollo de vicios individuales y sociales, no nos puede causar extrañeza, la falta de moralidad que se nota actualmente en nuestra sociedad.

Por ejemplo, la falta de probidad en los gobernantes hispano-americanos es una consecuencia directa del régimen y la educación colonial; y aunque Bunge la considera como resultado del mestizaje, o sea una especie de atavismo o salto atrás, José Sixto de Sola, en un estudio publicado en la "Revista Cuba Contemporánea" (1), da a nuestro entender razones más contundentes acerca del origen de este vicio continental.

Atinadamente presenta dos órdenes de causas: las *subjetivas*, que se refieren a las condiciones étnicas, educacionales, de tradición y sociológicas, de los individuos que asumen el gobierno de estos países hispano-americanos; y las *objetivas*, que son las especiales condiciones del medio ambiente, en que se desenvuelven las tendencias, los impulsos originados por los factores anteriores (2).

Pero lo esencial en su estudio es la afirmación de que no solo es el resultado, como dice Bunge, de nuestra ascendencia india o africana, sino que también lo es y mucho más directamente, del sistema colonial español, porque sin verdadera educación familiar y social, y sin amor al trabajo, era imposible que se crearan los hábitos de orden y moralidad, sobre los cuales descansan generalmente todos los buenos procedimientos administrativos.

También puede presentarse como causa de la falta de moralidad de nuestros gobernantes, el medio empleado para alcanzar el poder, pudiendo afirmarse con el ejemplo histórico que los gobiernos elevados por una

(1)   Abril de 1913.

(2)   Págs. 225 y 226.

revolución, se caracterizan siempre, dadas nuestras costumbres políticas, por el desorden y la falta de probidad.

También el juego y la sensualidad, dos de los defectos que más perjudican a nuestro carácter, fueron verdaderamente fomentados por los Capitanes Generales, cuyo sistema de gobierno, según la frase gráfica de aquellos tiempos, se sintetizaba en un *"violín y un gallo"*.

La sensualidad es actualmente la pasión más enérgica del criollo y una gran parte de nuestra población, sólo vive para satisfacer sus deseos carnales.

Nuestras mujeres son bellas, y sobre todo exuberantes, sus cuerpos tienen formas encantadoras, y su coquetería natural, su suave movimiento voluptuoso, despierta en esta naturaleza ardiente de los trópicos, los instintos de licencia y libertinaje anexos a la colonia y a la esclavitud.

Antiguamente no existió en Cuba una verdadera reglamentación de la moralidad en las costumbres, y aunque ya nos hemos referido algo a este asunto, solo nos permitimos citar un bando de 1777, destinado a corregir la excesiva libertad en el vestir, *"pues solían andar "sin camisas las mujeres del pueblo blancas, indias y "de color, libres o esclavas"*, a cuya deshonestidad "cooperaban "el poco pudor de los amos y la ninguna "vergüenza de ellas" (1).

De modo que es fácil de comprender con estos antecedentes, la íntima relación que existe entre el sistema colonial y nuestra habitual sensualidad, sin que por esto se deje de admitir, la influencia importante que ha

---

(1) Fernando Ortiz: Los Negros Brujos.—Pág. 67.

tenido nuestro ambiente lujuriante, en la formación de esa característica del criollo.

El juego, que sigue en importancia a la sensualidad, es un vicio que corroe las entrañas de nuestro pueblo. Todos los cubanos juegan y creemos difícil encontrar un país en el mundo en que se hayan ideado tantos modos distintos de perder dinero.

De esa desmoralización profunda, de ese criterio de dejar que la suerte resuelva nuestros asuntos, se originan la indecisión, la incapacidad actual del cubano, para obtener su mejoramiento económico. El azar, los llena de esperanzas, y sueñan constantemente con la lotería o con la idea genial, que los enriquecerá de golpe, sin pensar que solo en el esfuerzo individual, en la labor firme y decidida, tenemos la base de nuestro mejoramiento.

El juego con todas sus consecuencias desastrosas, es como hemos dicho, producto del régimen colonial, y la criminalidad no perseguida, la prostitución y la lotería como medios de perversión y de aumentar la recaudación del tesoro público, contribuyeron también a completar nuestra educación política; y aunque por lo general, la familia cubana ha sabido librarse del contagio infeccioso de todos esos factores, no hay que dejar de reconocer que muchos de nuestros actuales defectos, han sido originados por su influencia directa o indirecta, y que con esos ejemplos disociadores se han formado nuestros caracteres egoístas y nuestras opiniones turbias acerca del deber y del patriotismo.

La desmoralización política cubana es el resultado de nuestros defectos originarios, exacerbados por el ambiente de la colonia; y el sistema del copo, manifestación del exclusivismo partidarista, pesa todavía demasiado sobre nuestra conciencia social y contribuye a que permanezcan en ella la tiranía personal de las organizaciones políticas, y la del poder gubernamental en las elecciones.

La indolencia, más bien legendaria que real del criollo, que ha servido a muchos como prueba de la degeneración de la raza blanca en el clima tropical, no deja de ser también, en lo que tiene de cierta, una consecuencia del sistema de gobierno de la colonia.

La esclavitud trayendo a Cuba a una raza para que trabajase por el blanco y el fácil y repentino enriquecimiento de los burócratas españoles, no podían ser nunca ejemplos que fomentasen la afición al trabajo honrado.

Pero sin embargo, el cubano ha demostrado en diversas ocasiones, que es tan capaz para la labor seria y constante, como la raza más laboriosa y emprendedora; pues a pesar de todos los obstáculos aduaneros y administrativos, fueron cubanos los que introdujeron las más importantes mejoras en la industria azucarera, e impusieron en el mercado nuestro principal producto; fueron también cubanos los que en una comarca, abandonada por el poder español, sin caminos y sin puertos habilitados para el comercio, y luchando contra los monopolios del régimen, roturaron y cultivaron el suelo de Vuelta-Abajo, produciendo el mejor tabaco del mundo y fueron también cubanos los que desde la conquista española, desarrollaron la ganadería en Camagüey, y los que aplicando en el siglo XIX, los métodos de los agricultores franceses, fomentaron cafetales y cacaotales en la provincia Oriental (1).

---

(1) Artículo de Leopoldo Cancio. Inserto en el libro Cuba y sus Jueces; de Raimundo Cabrera.—Pág. 51.

El cubano no desmerece ante ningún extranjero. Si se dedica al comercio demuestra, como en casos que pudieran citarse, sus extraordinarias aptitudes; en la literatura hay ejemplos numerosos de dedicación constante a la producción seria; en el trabajo agrícola, puede afirmarse no hay quien le supere; y la extraordinaria y desinteresada labor de los miembros de la Sociedad Económica, en el pasado siglo, y de los legionarios del 68 y del 95, demuestran que es capaz de concebir un ideal y dedicarse por completo a su realización.

Por eso negamos que la indolencia sea originaria del criollo, pues hasta la misma mujer en el hogar pobre, nos muestra hasta la saciedad que el cubano no es básicamente perezoso, aunque en ciertos aspectos de nuestra vida se nota la indolencia, la indecisión, pero como resultado, a nuestro entender, del ejemplo del sistema colonial.

El deseo extraordinario de vivir del presupuesto, y de abandonar por la política las ocupaciones serias y verdaderamente productivas, responde al concepto que tenemos de que el puesto gubernativo, es el procedimiento más eficaz de hacer fortuna; y en esa perversión moral, en ese criterio egoísta de hacer rápidamente dinero, que hemos aprendido de los empleados españoles en el siglo pasado, se encuentran el origen de la empleomanía, causa principal de nuestra poca dedicación al comercio y a la agricultura.

Finalmente, la prodigalidad es el resultado de todos esos vicios, pues el dinero ganado con la esclavitud, por el juego o con otro procedimiento menos honrado aún, fácilmente se disipa dado que junto a la imprevisión criolla, existe la esperanza de ganarlo de nuevo con iguales medios.

## XV

Todo lo que hemos estudiado en capítulos anteriores, unido a la desastrosa influencia del régimen colonial, contribuyen como dos fuerzas contradictorias, a la creación de un resultado que es nuestro morboso carácter nacional de la época republicana.

La indisciplina originaria, que se ha caracterizado siempre en los pueblos de origen eurafricano, en el deseo noble de progresar eficaz y rápidamente, entre nosotros se manifiesta hoy con sus elementos más perjudiciales.

El personalismo en su aspecto social, se sintetiza en el caudillismo o el fulanismo. El convulsionismo y la oposición sistemática a la autoridad, son manifestaciones esporádicas, del sano y noble personalismo en su aspecto individual, que nos impulsa a progresar en la vida; y la burocracia como método de subsistencia; la política como medio de enriquecimiento, el egoísmo como punto de partida de todos nuestros actos; la arrogancia y la altivez hasta la desvergüenza y el descaro; la novelería, copiando de los yanquis sus costumbres sociales y políticas; la vanidad como único escudo de la ignorancia, y la indiferencia como compendio de nuestra atonía individual y colectiva, sintetizan nuestra indisciplina actual.

El egoismo es actualmente el impulso director de gran parte de la sociedad cubana, y Márquez Sterling, en un atinado estudio, lo considera como consecuencia de nuestro desenvolvimiento histórico.

A primera vista, esta afirmación se opone a la idea

tradicional que tenemos del cubano, como un hombre pródigo, gastador, hospitalario y por lo tanto muy poco egoísta; pero sin embargo, si se estudia a fondo nuestra historia, en el excesivo orgullo regionalista de nuestros antepasados, se encuentran ya ciertos gérmenes de esa característica.

Fuera de esto, que de cierta manera es muy humano y natural, la manifestación egoísta de nuestra historia, fué el intento de anexión a los Estados Unidos, con el único fin de mejorar económica y comercialmente, olvivando las tendencias e impulsos democráticos, que se agitaban en el seno de nuestra naciente nacionalidad; pero merced a los panfletos vibrantes de José Antonio Saco, fué vencida definitivamente por la aspiración romántica, la guerra de los Diez Años, en que el patriarcado colonial, con desinterés patriótico, luchó y murió por los ideales de la independencia.

Los supervivientes de la jornada heroica, Maceo, Gómez, García y Masó, alentados por el genio de Martí, iniciaron la última guerra de la independencia, que al decir de Márquez Sterling, *"nos hizo dejar de ser colonia, pero no para convertirnos en República"*; y desde esa fecha, los impulsos egoístas han dirigido todas las aspiraciones de la sociedad, fortificándose cada vez más, con los desaciertos de nuestra vida republicana.

No puede negarse que Leonard Wood y la primera Intervención Norte-Americana, pusieron las bases de nuestro adelanto material, y que de algún modo debemos a los Estados Unidos, el desarrollo de ciertos aspectos de nuestra vida social; pero la imposición de la Enmienda Platt, dándonos una independencia limitada, la arbitraria y decidida protección que el Gobernador Militar prestó a uno de los candidatos presidenciales enseñándonos a burlar por vez primera en nuestra vida republicana los deseos y aspiraciones populares; la desastrosa gestión administrativa de Mr. Magoon, que fué el ejemplo inmediato de nuestros desórdenes e inmoralidades públicas; y principalmente, la política injusta y caprichosa de los Estados Unidos, atribuyéndose el derecho a juzgar en última instancia en nuestros problemas electorales, contribuyó a la caída de los ideales de la independencia y a que el pesimismo se infiltrase en nuestra conciencia social, destruyendo a la vez el desinterés legendario de nuestros antepasados y el criterio de sacrificio patriótico que alentaba a nuestros corazones, entusiasmados aún por las luchas homéricas de la Invasión.

Y si a esto se agrega, que el ejemplo de la historia colonial, también contribuyó como vimos a enturbiar la conciencia del criollo, formando el concepto que tenemos del Poder Público; fácil es concebir que fracasados los ideales que sostuvieron al cubano, por la influencia de esos factores, la Colonia y la Intervención, se produjera, con la fuerza que todavía conserva, el egoísmo como característica nacional.

Para Márquez Sterling el egoísmo se caracteriza en Cuba por el caciquismo como único método de organización política, por la aspiración general a los puestos públicos, el nepotismo gubernamental, el engreimiento la fatuidad y el desmedido amor al oro y al lujo.

En nuestra sociedad, el cubano que no es egoísta es indiferente; pero esa indiferencia, se manifiesta entre nosotros, de dos maneras peculiarísimas. Una, el pesimismo, que es más bien pasivo, aunque en el fondo encierra algo de crítica, y otra el choteo, que es activo y básicamente satírico.

El cubano pesimista, es indiferente, en cuanto sólo se ocupa de la cosa pública, para lamentarse y desorientar al que le escucha, y aunque para José Sixto de Sola ese criterio estrecho obedece más bien a causas nerviosas, de interés o de depravación, para nosotros es también producto de características originarias exacerbadas por la influencia colonial y republicana.

No quiere esto decir, que las causas presentadas por el malogrado escritor cubano, dejen de contribuir a crear aspectos especiales de pesimismo, según los caracteres individuales, pero básicamente, lo cierto es que este fenómeno es una manifestación morbosa del personalismo y la indisciplina de nuestro ambiente corrompido, y lo prueba su íntima y estrecha relación con el pesimismo español.

"El pesimismo, dice Novicow, goza de gran favor en "nuestros días. Todos se hallan inficionados de él: los "filósofos, los poetas, los novelistas, los sociólogos, los "publicistas; y sus escritos no dejan nada que desear en "punto a desesperación. Sus teorías son admirables, pe- "ro nos parece que ya es tiempo de examinar si son ver- "daderas y de someterlas a un severo análisis, que no "se pague de frases, de rutinas, ni de viejos clichés."

"El optimismo y el pesimismo, dependen de dos fac- "tores: uno interno, el temperamento; y el otro externo, "el conjunto de coyunturas históricas. Tal fenómeno que "produce dolor a un individuo, apenas afecta a la con- "ciencia de otro; tal injusticia que hiere profundamente "a un hombre, haciéndole ver la vida con disgusto, cau- "sa la hilaridad de otro. El mundo es lo que es, los unos "lo toman alegremente; los otros lo toman por lo trági- "co; pero independientemente de la manera de ser per- "sonal, existen los hechos. Se puede afirmar que ayer

"hizo calor y que hoy hace frío si son apreciaciones sub-
"jetivas. Se podría estar enfermo un día y sentir mucho
"el frío; se puede estar sano al día siguiente y no hacer
"caso de la temperatura exterior. Sin embargo, si se con-
"sulta el termómetro y ayer marcaba diez grados sobre
"cero, y hoy marca doce grados, la cuestión está resuel-
"ta sin réplicas. La temperatura de la víspera, era más
"baja y rebélense o no los sentidos, las cosas sucedie-
"ron así" (1).

Esta explicación es, a nuestro entender, la más clara
que se ha dado acerca del pesimismo, que como no tiene en realidad causa lógica y responde más bien a un
estado enfermizo de la voluntad, no tiene por qué existir en Cuba.

Nuestra evolución de los principios del pasado siglo,
ha sido de constante progreso a pesar de los obstáculos que se opusieron; y los elementos de vitalidad que
existen en Cuba, han desenvuelto brillantemente sus ini-
ciativas, desarrollando a nuestra sociedad en todos los
aspectos de su evolución. De 1899 acá, la población se
ha duplicado, la sanidad se ha hecho casi perfecta, la
instrucción, aunque estancada, relativamente ha mejorado mucho; los ferrocarriles han triplicado la longitud de
sus líneas; la balanza mercantil ha sido siempre favorable: la Habana ha desarrollado su potencia comercial, y todos los pueblos del interior han adelantado
hasta sufrir una honda transformación (2).

Por todo eso, debemos ser profundamente optimistas,
pues como dice con verdadera clarividencia José Sixto

---

(1) El Porvenir de la Raza Blanca.—Pág. 9.

(2) La crisis de post-guerra, aunque tiene también causas nacionales no puede justificar el pesimismo criollo.

de Sola, "hemos tenido guerras civiles que han arrasado
"con la riqueza de Cuba; y que han revuelto en impo-
"nente remolino a todos nuestros elementos sociales; he-
"mos tenido gobiernos representativos de las últimas ca-
"pas de la sociedad; y presenciado el absurdo encubri-
"miento de esos elementos; hemos estado palpando las
"funestísimas consecuencias de dos instituciones total-
"mente opuestas, la esclavitud y el sufragio sin limita-
"ción alguna en un país como el nuestro; hemos tenido
"conflictos gravísimos entre el Capital y el Trabajo, cri-
"sis económicas, y sobre todo, dominándolo todo, el le-
"gado de cuatrocientos años de coloniaje español y cin-
"cuenta años de guerras declaradas o latentes. Y a pe-
"sar de esos escollos formidables, el progreso se ha rea-
"lizado y sigue en marcha sin vacilar" (1).

El choteo, es también una manifestación de la indiferencia criolla, que dado nuestro carácter vivo y nervioso,
no puede consistir en la inmutabilidad, y mucho menos
en lo que podemos llamar indiferencia por antonomasia,
el nirvana hindú.

En el fondo somos completamente indiferentes, porque
nos importa poco, muy poco, que triunfe en la lucha política alguna tendencia que nos haga salir del marasmo
ideológico en que estamos sumidos; pero en la práctica
actuamos siempre y nuestra indiferencia se manifiesta
en la inercia del pesimismo, que todo lo encuentra detestable, y en la acción malgastada del choteo, que de
todo se ríe con las satíricas carcajadas de Marcial y las
sutilezas sangrientas de Arquíloco de Paros.

"El choteo, dice Fernando Ortiz (2), es la desgracia crio-

---

(1)  Artículo citado.—Pág. 281.
(2)  Entre Cubanos.—Pág. 18.

"lla, pues nos burlamos de todo, no con la sonrisa vol-
"teriana de un escéptico, sino con la carcajada estúpida
"de la ignorancia vanidosa"; y la frase "entre cubanos
"no hay que andar con boberías", sintetiza, como dice
muy bien el autor citado, las ideas características del
estado de atonía del cubano actual, de ese espíritu de
burla, que ha relajado los vínculos de respeto entre las
diversas clases sociales, que son imprescindibles para
el buen desonvolvimiento de una nación.

Esa frase encierra la burla sangrienta pero imbécil, a
todo lo grande y generoso, a los ideales de la política,
a los nobles entusiasmos del arte, a la firmeza del que
practica sus ideas religiosas y morales, a la asiduidad
del científico que labora en el silencio de su gabinete,
y del literato que huye de los bombos, y soñando en
su jardín interior, fortifica su espíritu y labora por el
engrandecimiento del monstruo que de él se ríe.

Por eso, han caído nuestras riquezas en manos del extranjero, nuestra ciencia ha llegado casi hasta ser nula,
nuestra Literatura es insignificante; y finalmente, el cubano alimentándose solo de ilusiones, y contento con sus
burlas de perfecto inútil, vive la vida vegetativa del parásito (1).

## XVI

Todo eso, a nuestro entender, proviene de la ausencia
de ideales en nuestro pequeño mundo, pues no puede
desenvolverse progresivamente una nación cuyos impulsos más nobles están alentados por el egoismo, y donde
toda labor educadora encuentra la oposición satírica de
la burla y el choteo.

---

(1) Fernando Ortiz: Obra citada.—Págs. 10 a 14.

Ya en varias ocasiones hemos tratado en este estudio de las diversas causas de la incoherencia del carácter hispano-americano, de modo que no volveremos a exponerlas aquí, pero dadas las condiciones peculiarísimas del desenvolvimiento político cubano, es menester que fijemos otros factores especiales a nuestro medio; pues no solo el régimen colonial, la influencia y el ejemplo desmoralizador de las intervenciones yanquis, y la era de renovación porque actualmente pasa el pensamiento humano, han producido esa ausencia de ideales que se nota en nuestro carácter nacional, sino que otras causas provenientes también de nuestra evolución histórica, contribuyen a agravar este problema y a hacer más difícil su solución.

Cuba debió, al igual que las demás naciones hispanoamericanas, conseguir su independencia en la primera mitad del siglo XIX, y entrar en el actual con la experiencia de cuarenta o cincuenta años de vida independiente, por eso nuestro nacimiento como pueblo libre fué algo atrasado, y mientras en Europa, los ideales modernos que han tenido su pleno desenvolvimiento en la Revolución Rusa, habían ya producido movimientos tan sangrientos como la Commune, e ideas tan extremistas como las de Proudhon, Marx y Bakounine, en Cuba se debatía aún el problema político, o mejor dicho, de la nacionalidad, que salvo raras excepciones había sido resuelto en la mayor parte del mundo civilizado.

De ahí, que en los momentos de nuestra Independencia, viviéramos los cubanos casi un siglo detrás de las demás naciones, y si a esto se agrega la influencia tantas veces citada, del régimen colonial, cuya política era contraria a la educación y al progreso de Cuba, nos parece completamente lógico esa ausencia de ideales, ese loco vagar en busca de la forma en que vaciar su estilo, natural en un pueblo joven, y mucho más si ha luchado y lucha actualmente como el nuestro con los obstáculos poderosos a que nos referimos.

Sin embargo, el cubano ha conservado sus virtudes originarias, más o menos atenuadas por su evolución social, y como ha dicho exactamente en un discurso Wifredo Fernández, "nuestro pueblo es virtuoso, y la res-"ponsabilidad de sus errores cae sobre sus clases go-"bernantes", lo mismo del pasado colonial que de la época republicana.

La indisciplina criolla aunque con los caracteres que le hemos agregado, demuestra que entre nosotros se conserva latente el espíritu que animó a la civilización latina en la Edad Antigua y Moderna. A pesar de nuestras inmoralidades políticas, el cubano del pueblo conserva su patriotismo legendario, susceptible e irritable, de pura filiación hispana. La familia de Cuba en la generalidad de los casos, es un ejemplo de abnegación, nobleza e hidalguía, que contrasta poderosamente con el sensualismo y la inmoralidad pública; e intelectualmente, conserva el talento de sus progenitores, y sólo espera que la educación social produzca un medio favorable para desarrollar sus magníficas facultades.

Por todo esto y por las enseñanzas del pasado, nos sentimos completamente optimistas. Nuestros errores y defectos, como se ha visto son el producto de factores e influencias diversas, pero todas de carácter histórico y transitorio, y aparecen exacerbadas por la situación de crisis moral porque pasa actualmente la civilización; es decir, que reconociendo, como dice Gustavo Le Bon, que las características fundamentales de un pueblo, aunque aparezcan oscurecidas y atenuadas por la influencia de los factores sociales, siempre en un tiempo más o menos largo reaparecen con mayor fuerza y poder, y de que en Cuba por las ventajas de su posición geográfica y de los grupos étnicos que la forman, puede observar el escritor imparcial la supervivencia de las virtudes originarias de la raza, aunque más o menos tergiversadas por la influencia de esos factores a que nos referimos, no nos parece difícil admitir que adquiriendo por medio de la educación familiar y social el equilibrio psicológico necesario, y deteniendo con el fortalecimento de las características nacionales, la evolución peligrosa de la enfermedad que padecemos, puede ser Cuba, por "su "suelo, un jardín; por sus instituciones un pueblo libre, "y por sus hijos un modelo de cultura, para que la es- "trella de nuestro pabellón aunque pequeña, brille in- "tensamente" (1).

En la educación, están, como dice muy bien Julio Villoldo, las raíces del mal (1). La familia cubana, a pesar de sus grandes virtudes, no sabe educar, y Cirilo Villaverde ha sintetizado magistralmente los sentimientos de nuestras madres en esta importante materia en su magnífica obra Cecilia Valdés.

Es de sobra conocido, el carácter del noble y malcriado Leonardo Gamboa, amante de su hermana la mulata Cecilia; y el de su padre, D. Cándido, rígido con el hijo pero débil, muy débil por sus numerosas escapadas del lecho conyugal, ante su mujer Doña Rosa Sandoval, de modo que no entraremos en otros detalles sobre la novela, limitándonos solamente a copiar una página definitiva en el asunto que nos ocupa.

"Leonardo por su parte, dice el novelista, tan seguro

---

(1) Cuba Contemporánea. Mayo y Septiembre de 1914.

"estaba de que no se pondría el sol de aquel día, sin que
"un nuevo reloj viniera a adornar su traje en el bolsillo
"de sus pantalones, que habiendo tendido éstos en el
"sofá, frente a su cama, se acostó tranquilo resuelto a
"dormir y reparar las fuerzas quebrantadas por la fati-
"ga y la falta de sueño de la noche anterior. Dormitaba
"solamente cuando el ruido de pasos menudos y de las
"ropas de una mujer, vino a confirmarle en su esperanza.
"Era su madre. Fingió que dormía y la vió acercarse que-
"dito al sofá, levantar en alto los pantalones, meter en el
"bolsillo pequeño delantero algo redondo que relumbra-
"ba mucho, pendiente de una cinta de seda rosada y
"azul formando aguas, de más de una pulgada de an-
"cho y seis de largo, sujetas las puntas por una hebilla
"de oro. Sonrió de placer y cerró los ojos a fin de que
"su madre se retirase en la persuasión de que le había
"preparado una sorpresa."

"Al volver Doña Rosa los pantalones al sofá, cuidando
"de que la cinta del reloj quedase visible, y deslizar en
"la faltriquera del chaleco las dos onzas que sobraron de
"la compra de aquél, le pareció que su hijo se había
"movido en la cama. Se sobresaltó cual si hubiese esta-
"do cometiendo un delito, y entonces en efecto, entró
"un rayo de luz en su conciencia de madre, recordó vi-
"brante las palabras de su marido en la conversación
"de por la mañana temprano y sintió una especie de
"arrepentimiento. Algo en su interior le dijo que si no
"hacía actualmente mal, no resultaría tampoco un bien
"conocido y sólido de sus demostraciones tiernas y cari-
"ñosas con Leonardo, cuando no nacían de méritos con-
"traídos por él, sino de la efusión espontánea e indiscre-
"ta de su corazón de madre."

"Perpleja entre recoger la prenda, cosa de guardarla
"para ocasión más oportuna y arrostrar por ende la aflic-
"ción y el desagrado de su hijo se quedó inmóvil, como
"transfigurada. Aquel, aunque brevísimo, fué un momen-
"to supremo para la triste madre. Al fin hechó una mi-
"rada furtiva hacia el lecho, vió a Leonardo desnudo de
"medio cuerpo arriba, con los brazos en la almohada y
"la hermosa cabeza apoyada en las palmas, el pecho
"abierto y levantado, subiendo con la aspiración y ba-
"jando con la respiración, cual la ola que no llega a rom-
"per, la nariz dilatada, la boca entreabierta, para dar pa-
"so franco a la entrada y salida del aire, pálido el sem-
"blante por el sueño y la agitación del día, aunque lle-
"no de salud y de fuerza, un sentimiento de orgullo se
"apoderó de todo su ser, cambiando de golpe y por com-
'pleto el orden de sus pensamientos."

"Pobrecito, exclamó. ¿Por qué habría de privarle de
"nada, cuando está en la edad de gozar y divertirse?
"Goza y diviértete pues, mientras te duren la salud y la
"mocedad, que ya vendrán para ti, como han venido
"para todos nosotros, los días de los disgustos y de los
"pesares. La virgen Santísima en quien tanto fío, y pon-
"go toda mi esperanza, no dejará de oir mis ruegos. Ella
"te proteja y saque en bien de los peligros del mundo.
"Dios te haga un santo, hijo de mi corazón."

"Movió los labios juntos, en señal de lanzar un beso
" y fuese tan callandito como vino" (1).

Así como Doña Rosa son la generalidad de las madres cubanas, un excesivo y mal entendido amor les ha-

---

(1)  Págs. 93 y 94.

ce débiles con sus hijos, protegiéndoles de los justos castigos paternales, en el caso no muy raro por cierto, de que el padre no esté contaminado con la misma adoración maternal, para lamentar luego juntos los resultados de su debilidad y ceguera.

El cubano con la educación que recibe en el hogar, tan solo adquiere en la mayoría de los casos, honradez y moralidad, pero nunca la fortaleza de espíritu necesaria para luchar denodadamente contra la influencia de la gangrena social, por eso es necesario que nuestras madres, dándose cuenta de la importancia patriótica de su misión, eduquen hombres capaces no solo de defender hasta la muerte la integridad nacional, puesto que el valor es una de nuestras virtudes originarias, sino seres con la entereza moral suficiente y el valor cívico necesario para terminar con la desorganización general de nuestro pueblo.

La educación política y social del cubano, es también desastrosa. Tenemos el vicio en la masa de la sangre, y el ambiente de libertinaje moral que nos rodea, destruye fácilmente los propósitos de honradez y civismo innatos a toda juventud.

En la familia, aunque por suerte existen excepciones muy numerosas, la aspiración burocrática y lo intenso de la vida política de nuestro pueblo, enseñan a la niñez que con la audacia, el atrevimiento y el descaro, caciques servilmente endiosados por la prensa, han escalado las más altas posiciones gubernativas; y el padre, si es honrado y observa que con el cumplimiento del deber solo ha conseguido dolores y sufrimientos, o edu-

ca equivocadamente a sus hijos, para que en el festín
de los buitres se sienten bien cerca de los anfitriones;
o en el caso contrario, si es un padre muy listo o muy
vivo, como decimos por aquí, entonando constantemente
cantos homéricos en loa de los ladrones del tesoro público, crea con el alma de su hijo un engendro horrible
de egoísmo e interés.

Pero si el alma que nace y el pensamiento que se
desarrolla, ha podido vencer las asechanzas de una ma-
la educación en el hogar, o si ha tenido la suerte de poseer un padre que verdaderamente lo eduque y lleno de
ideales y esperanzas fuertes y vigorosas, pretende ingresar en la vida pública, por la puerta grande, y ocu-
par el puesto que sus condiciones morales le señalan;
recibe negaciones rotundas de nuestro ambiente corrompido, observa garitos en todas las esquinas, que le atraen
con el oropel del vicio, ve endiosadas a completas me-
dianías y elevado a la categoría de Dios, el famoso talento inédito de Pacheco; y entonces, si es fuerte y no
se deja vencer por las impurezas de la realidad, como
no tiene por lo general la base espiritual suficiente para
satisfacerse con un mundo interior de bellezas e idealidades, y como tampoco posee un criterio filosófico esta-
ble, que le permita acomodarse en lo posible al cuerpo
social y ejercer paulatinamente su acción bienhechora,
termina siempre siendo un vencido, incapaz de ingresar
en la manada, pero completamente inútil, si no ocurre
como es más frecuente, que dando al olvido sus sueños
e idealidades juveniles, mediocriza su talento en nuestra
política de muñecones y caciques, o cualquiera de los

otros aspectos de nuestra existencia mercantilista y utilitaria (1).

Las organizaciones políticas son también un modo
adecuado para la perversión social. Desde el comité de
barrio, a la más alta asamblea, caracteres tibios y egoístas, dirigidos por pasiones turbias y propósitos aviesos,
llenan de podredumbre a nuestros partidos, que solo se
asemejan a inmensas dotaciones de esclavos dirigidas
por un inepto mayoral. Allí no pueden existir ideales,

---

(1) Alguna vez será necesario escribir la tragedia del cubano que
quiso ser honrado, pues las alternativas y los cambios inexplicables
en otros países, son tan súbitos e inesperados en el nuestro, que se
hace difícil conservar una línea recta, dado el mimetismo de nuestra
vida ciudadana.

El éxito en Cuba depende de lo que el público llama con acierto
"la cerca", o que también gráficamente se califica de "comer a dos
carrillos", siendo necesario además tener excesivamente desarrollado
el sentido de la orientación para conocer el lugar de donde "sopla el
viento".

Un hombre adulado y engrandecido hoy, cae en desgracia mañana
y el coro de guatacas o de sometidos, lo execra violentamente como
para justificar su nueva postura, y este grupo, de los que "mandaron
quinina", es por desgracia el más numeroso en nuestra sociedad.

Dos hombres o dos tendencias que sostenían principios al parecer
irreconciliables, sin dar una explicación pública, unifican sus intereses, y sin embargo son honrados; pero aquel que siempre ha seguido el mismo camino, es traidor porque no se somete constantemente a
esas claudicaciones públicas o privadas, tan comunes en nuestro medio, en el cual el demagogo de ayer y el líder del futuro, muchas veces solo fué un plateado...

La intriga, el espíritu de clan, los intereses y sobre todo el oportu-
mismo, para aquellos que no han comprendido bien el materialismo dia-
léctico, es la única explicación del virus que corroe nuestra organización social y que solamente puede ser destruído con una política de
sinceridad y franqueza, pues todo aquel que vive en las tinieblas, que
trabaja en la sombra, no puede luchar frente a la claridad del sol.

porque chocan con el ambiente de rutina y despotismo que rodea al cacique, allí no pueden desenvolverse inteligencias poderosas, si no se ponen servilmente a la disposición del fraude y de la brava, allí sucumben todos los buenos propósitos por la avasalladora fuerza del oro, que todo lo domina, en nuestra sociedad; allí, salvo muy pocas excepciones, no hay nada grande ni generoso, porque intereses mezquinos obligan a negar la patria cuando esto conviene a las aspiraciones partidaristas; sólo el pueblo que alegre y sonriente ingresa en la bachata electoral, o el guajiro que sintetiza su honradez política, al poner la cruz bajo el gallo y el arado liberal, o la estrella conservadora, guardan siempre en el fondo de sus pechos el más intenso amor a Cuba.

La escuela cubana, por su parte, tampoco cumple con su fin educador, pues la masa popular solo aprende en ella a leer y escribir, y se atiborra además de diversos conocimientos, que pronto olvida y que no dejan en su alma ni una huella fugaz.

Ya hemos hablado de la instrucción nula de la época colonial. Cuando los norte-americanos ocuparon a Cuba, el censo demostró que en lo concerniente a Educación Pública las dos terceras partes de la población eran analfabetos y solo 8,629 blancos y 198 de color poseían Instrucción Superior; es decir, un cubano blanco de 121, y uno de color por cada 2,627. Se carecía de centros escolares y de escuelas para maestros; y durante la guerra gran número de aulas habían sido clausuradas y la Universidad se encontraba en un estado vergonzoso de postración e inactividad. Leonardo Wood dió nuevos impulsos a la Instrucción Pública cubana. Elevó las escuelas de 712 a 3,628, formó el profesorado, estableció planes de enseñanza, con la ayuda de los superintendentes Frye y Hanna y transformó los cuarteles en escuelas y estableció el moderno sistema de educación de la infancia, con el Kindergarten (1).

Durante los 20 años de nuestra vida republicana, en gran parte se ha extinguido el analfabetismo en Cuba, y desde este punto de vista el magisterio cubano ha cumplido su deber, pero sin embargo, no se ha hecho nada por elevar el nivel cultural de la población, de darle al cubano la independencia mental necesaria, para la lucha por la vida (2).

En la Enseñanza Secundaria, con muy honrosas excepciones, la cátedra solo es modus-vivendi, y como es lógico, el alumno, que por el ambiente social de improvisados e ineptos, nunca aspira a sobresalir, sino a obtener más o menos malamente el aprobado al final de curso, sólo aprende superficialmente las asignaturas, dándose el caso muy numeroso para vergüenza nuestra, de alumnos universitarios y más aún de doctores, que con pésima ortografía y detestable construcción sintáxica escriben no ya artículos, sino cartas.

Llegado a la Universidad, el alumno siempre desdeña el ser filomático, calificativo con que se designa despectivamente al estudioso. Escoge generalmente la carrera de Derecho porque le es más fácil, dado que en todo cubano hay gran fondo para la abogacía, pero en esta carrera, que se limita al estudio de las asignaturas imprescindibles para el ejercicio de la profesión, excep-

(1) Ramiro Guerra: El General Wood y la Instrucción Pública en Cuba.—Cuba Contemporánea. Julio de 1920.

(2) Arturo Montori: El problema de la Educación Nacional.—Cuba Contemporánea. Diciembre de 1920.

tuando el Derecho Romano, que se ha intentado suprimir varias veces, no adquiere la juventud cultura literaria ni jurídica, y desconoce, lo que es más triste aún, el desenvolvimiento histórico de su país, cuyo estudio no sé con qué criterio ha sido desterrado por completo de nuestra Enseñanza Superior (1).

Somos una nación refractaria a la lectura, pudiendo afirmarse que nuestra época es de aversión literaria. En las librerías solo tienen éxito las novelas de ocasión y las excesivamente pornográficas, al igual que las aventuras inverosímiles de un exótico Sherlock Holmes, o un ladrón elegante como Raffles o Arsenio Lupín. Fuera de esto solo leemos el periódico, que salvo excepciones, como literatura barata y a domicilio, nos echa fácilmente a perder el poco gusto literario que nos queda.

Para Márquez Sterling esta falta de lectura, crea la aptitud para la tiranía y la ineptitud para el patriotismo; y además, primero el mal gusto, que entre nosotros se caracteriza por la detestable forma oratoria, la ruina del lenguaje, la pésima educación social, y la indiferencia con los sentimientos artísticos. Segundo, la falta de criterio con el deseo de echarlo todo a barato, la apreciación moral equívoca, el rezago de ideas, la confusión de ideales y la ruina de los principios, que le son anexos; y tercero, la audacia, que produce a su vez, la desorganización administrativa, el desconcierto del régimen, la inaplicación de las leyes, la tergiversación de la Historia, el despilfarro del tesoro público, la inestabilidad de

---

(1) Desde 1922 hasta la fecha se han acentuado de tal manera los males de la enseñanza en Cuba, que es imposible sintetizarlos en una breve nota.

los partidos y la excesiva indisciplina social y política (1).

Actualmente nuestras publicaciones literarias se limi-
tan a la edición de colecciones deshilvanadas de artículos periodísticos, o de versos de ocasión. Y salvo raras
excepciones nuestros literatos no hacen labor seria y
caen en el periodismo o la política, donde vulgarizan
su gusto y mediocrizan su inteligencia, haciéndose necesaria una verdadera labor de profilaxis en el aspecto
literario y científico cubano (2).

En esta falta de educación está a nuestro entender la
causa esencial de nuestros errores y debilidades, pues todo pueblo que como el nuestro ha luchado y se ha desenvuelto entre factores contrarios al progreso, y que ade-

---

(1) Alrededor de nuestra Psicología.—Pág. 45 y siguientes.

(2) No es posible dejar de admitir que de 1922 a la fecha se
ια mejorado mucho el cubano en lo relativo a la lectura; pues la agitación política y social, ocasionada por la revolución comunista, ha
contribuído grandemente a interesar a nuestra juventud en las lectu-
ras serias, aunque también hay que reconocer que en gran parte la
orientación cultural es tan uniforme y limitada que no ha determinado
todos los resultados favorables que debió producir.

En este caso como en todas las cosas, sufrimos lo que siempre ha
sido característico de nuestra historia, ya que el cubano por lo general está retrasado o llega a todo demasiado tarde, pretendiendo con
su audacia característica, llenar el vacío de casi un siglo de retraso.
En Matemáticas, por ejemplo, nos encontramos aún en pañales y casi
lo mismo sucede en todos los aspectos del intelecto humano.

También en general nuestra producción literaria y científica ha mejorado bastante, así como la Prensa, que sin embargo cada día ha
ido perdiendo su verdadero carácter, debiendo hacerse notar, para
acentuar más nuestra característica eurafricana, que el clan, domina
también nuestros grupos literarios y científicos, donde por lo general
la capacidad está supeditada al espíritu de grupo.

más, ni en la familia, ni en la sociedad, ni en la escuela
recibe la instrucción suficiente para contrarrestar la influencia de esos antecedentes contradictorias, lógicamente tiene que caracterizarse por la anarquía estúpida e
irreflexiva y por el personalismo del caudillo y el cacique, ostentando como única virtud cívica la oposición
sistemática al gobierno, los fraudes electorales, las bo-
tellas y las colecturías.

## X V I I

Nuestra situación, como puede deducirse de todo lo
anteriormente escrito, es grave, sumamente grave; y su
remedio, aunque fácil, ya que solo consiste en educación, presenta sin embargo dificultades al parecer insuperables.

La educación del carácter nacional es para Bunge el
problema más difícil de la Pedagogía, pero el más importante para la nacionalidad. "¿Qué provecho, dice, re-
"portaría al porvenir de un país una excelente hacienda,
"una sensata organización, una hegemonía sobre las na-
"ciones circunvecinas, si su pueblo estuviera destinado
"a poseer en días próximos un carácter baladí, charla-
"tán, quijotesco, torpe hasta calmar todas sus hambres
"con pueriles satisfacciones—penen et circenses? ¿Qué
"importaría por otra parte una organización deficiente,
"una política débil, hacienda agotada, costumbres perni-
"ciosas, absurdos prejuicios, para un pueblo que posee-
"rá mañana un espíritu de hierro, incansable en el tra-
"bajo, valiente en sus concepciones, fecundo en sus acti-

"vidades? *El problema de la educación del carácter na-*
"cional es el problema del futuro" (1).

Educar el carácter nacional, no consiste en cambiar
sus impulsos primordiales, porque esto es imposible, sino dejar que se desarrollen libremente, depurando con
la acción educadora las tendencias perniciosas, por eso
creemos que con educación en la familia, en la sociedad, en la política y con la verdadera educación en la
escuela, sólo con educación en todos los aspectos de
nuestra vida, será Cuba grande y noble como la soña-
ron Saco y Martí. Porque no es el número de los individuos, sino el número de las ideas y de ejemplos civiliza-
dores, lanzados a la circulación, lo que produce la grandeza de los pueblos.

Pero es también necesario que nuestros legisladores
se den cuenta de lo que hemos dicho a principios de
este estudio, no siendo víctimas como hasta ahora lo
han sido, de la adoración legal que se nos antoja llamar
fetichismo constitucional, porque las leyes y las instituciones, como todas las cosas, nunca son buenas por sí,
sino en cuanto se acomodan o no al cuerpo social.

Por eso exactamente dice Herbert Spencer: *"No esta-*
"mos ya en los tiempos en que todo el mundo, al me-
"nos las personas instruídas, creían en las Constituciones
"de Papel. Es cierto que no se reconoce abiertamente
"que el carácter de las unidades sociales, determina el
"carácter del agregado, pero se admite esto hasta cier-
"to punto, y las personas que entienden algo de política,
"no creen que pueda cambiar por completo y de repen-

---

(1) La educación.—Pág. 170.

"te, el estado de una sociedad merced a tal o cual siste-
"ma de legislación" (1).

Sin embargo, los preceptos legales que encaucen y di-
rijan rectamente las actividades humanas, "sirven de
"medicina adecuada para ciertas enfermedades del
"organismo social y de higiene acertadísima para impe-
"dir el crecimiento de otras" (2), siempre que para cum-
plir esta labor que también es educadora, se acomoden
a los impulsos y tendencias de la sociedad. Por eso es
necesario estudiar profundamente el ambiente, compul-
sar los vicios que debemos proscribir, y las virtudes que
hemos de fortificar, y cuando conozcamos lo más perfectamente posible el medio, adoptar los preceptos que
sean necesarios para encauzar esta evolución, dado que
el principal papel de las leyes no es cambiar inmedia-
tamente los aspectos de la vida de un pueblo, sino el
de facilitar poderosamente la obtención de ese resultado.


Vedado, mayo de 1922.

---

(1)  Instituciones Políticas.—Tomo II. Pág. 294.
(2)  Antonio Sánchez de Bustamante.—Cuba Contemporánea.

XVIII

## BIBLIOGRAFIA.

Aranzadi y Hoyos Sainz: Antropología, 4 tomos.

Altamira: Historia de España y de la Civilización Española.

Burgess: Ciencia Política y Derecho Constitucional Comparado.

Bachiller y Morales: Cuba Primitiva.

Bunge, Carlos Octavio: Nuestra América.
                        La Educación.

Blanco Fombona, Rufino: Evolución Política y Social de Hispano-América.

Bagehot, W.: Leyes Científicas del desarrollo de las Naciones.

Bryce: La América del Sur.

Bertolini: Historia de Roma.

Carrera Jústiz: Historia de las Instituciones Locales Cubanas.

Cabrera, Raimundo: Cuba y sus Jueces.

Cantú, César: Historia Universal. Tomo I.

Censo de 1899.

Censo de 1907.

Fernández de Castro, Rafael: Discursos.

Fernández, Wifredo: Artículos y Discursos.

Fouillée: La Science Sociale Contemporaine.

Falcó, Federico: El ideal cubano.

Figueras, Francisco: Cuba y su evolución colonial.

Ferrero, Guillermo: El genio latino y el mundo moderno.

Guerra, Ramiro: Historia de Cuba. Tomo I.

García Calderón, Francisco: La creación de un Continente.
                            Las Democracias Latinas de América.

Giddings: Sociología.

Guyau: La educación y la herencia.

Glumplowicz, Luis: La lucha de razas.

Heredia, Nicolás: La sensibilidad en la poesía castellana.

Le Bon, Gustavo: Leyes psicológicas de la evolución de la sociedad.

Montesquieu: El espíritu de las leyes. (Edición de 1814.)

Márquez Sterling, Manuel: La diplomacia en nuestra historia.

Alrededor de nuestra psicología.

Mi gestión diplomática en México.

Novicow: El Porvenir de la Raza Blanca.

Nueva Geografía Universal: Los países y las razas. Tomos I y II.

Ortiz, Fernando: Los negros brujos.

Los negros esclavos.

Entre cubanos.

Oliveira Martins: Historia de la civilización ibérica.

Pi y Margall, Francisco: Las nacionalidades.

Rodó, José Enrique: Ariel.

Motivos de Proteo.

Ramos, José Antonio: El manual del perfecto fulanista.

Revista Bimestre Cubana: Estudio demográfico. Juan Guiteras. Habana. 1913.

Revista Cuba Contemporánea: Abril de 1913. José Sixto de Sola: La falta de probidad de los gobernantes hispano-americanos.

Revista Cuba Contemporánea: Mayo de 1913. Luis Marino Pérez: La indisciplina de los pueblos.

Revista Cuba Contemporánea: Diciembre de 1913. José Sixto de Sola: El pesimismo cubano.

Revista Cuba Contemporánea: Enero de 1914. Enrique José de Varona: Nuestra independencia.

Revista Cuba Contemporánea: Febrero de 1914. Mario Guiral Moreno: Aspectos censurables del carácter cubano.

Revista Cuba Contemporánea: Marzo de 1914. Julio Villoldo: Las raíces del mal.—Luis Marino Pérez: La aclimatación del cubano.

Revista Cuba Contemporánea: Agosto de 1914. Mario Guiral Moreno: Nuestro problema.

Revista Cuba Contemporánea: Abril de 1915: La población cubana.

Revista Cuba Contemporánea: Enero de 1916: Las razas de América y las ideas sociológicas de Sarmiento.

Revista Cuba Contemporánea: Febrero de 1917: La juventud cubana.

## EL CARACTER CUBANO

*Revista Cuba Contemporánea:* Julio y Diciembre de 1920, y Julio y Diciembre de 1921: Sobre Instrucción Pública.—Artículos de Ramiro Guerra y de Arturo Montori.

Ingenieros, José: El hombre mediocre.

La Sagra: Historia Natural, Física y Política de la Isla de Cuba.

Sellés, Eugenio: La política de Capa y Espada.

Sergi: La decadencia de las naciones latinas.

Sarmiento: Conflictos y armonías de las razas en América

Shepherd, William: La América Latina.

La Torre y Aguayo: Geografía de Cuba.

Velasco, Carlos de: Aspectos nacionales.

Varona, José Enrique: Artículos y discurosos.
De la colonia a la República.
Conferencia de Moral.

Villaverde, Cirilo: Cecilia Valdés (novela).

Zumeta, César: El continente enfermo.

Zaragoza, Justc: Las insurrecciones cubanas.

# COLECCIÓN CUBA Y SUS JUECES
## (libros de historia y política publicados por EDICIONES UNIVERSAL):

www.ingramcontent.com/pod-product-compliance
Lightning Source LLC
Chambersburg PA
CBHW021830020426
42334CB00014B/558